Kitty Cassée
Barbara Los-Schneider
Han Spanjaard

KOFA-Manual

: Haupt

Kitty Cassée
Barbara Los-Schneider
Han Spanjaard

KOFA-Manual

Handbuch für die kompetenzorientierte
Arbeit mit Familien

2. Auflage

Haupt Verlag
Bern · Stuttgart · Wien

Kitty Cassée, Prof. Dr. phil., in Holland geboren, studierte in Holland und in der Schweiz (Medizin, Soziologie, Sozialpsychologie und Sozialpädagogik). Sie lehrte und forschte an der Universität Zürich und leitete verschiedene Forschungsprojekte im Bereich der stationären Kinder- und Jugendhilfe. Seit 1981 arbeitet sie als Dozentin an der Zürcher Hochschule für Angewandte Wissenschaften, Departement Soziale Arbeit, mit folgenden Schwerpunkten: Kinder- und Jugendhilfe, Sozialisationstheorie, Theorien sozialer Probleme, Professionalisierung, Handeln in sozialen Organisationen, Konzeptentwicklung und Methoden, Sozialarbeitsforschung. Sie leitet den Masterstudiengang Kinder- und Jugendhilfe und ist aktuell engagiert in zwei Forschungsprojekten (Evaluation von Familieninterventionen, Kinder psychisch kranker Eltern).

Barbara Los-Schneider, Lic. phil., in Bern geboren, studierte Heilpädagogik und klinische Psychologie und absolvierte eine psychotherapeutische Ausbildung in integrativer Therapie. Seit 1996 arbeitet sie als Dozentin an der Zürcher Hochschule für Angewandte Wissenschaften, Departement Soziale Arbeit, und vermittelt in der Lehre in erster Linie psychologische Themen (Entwicklungspsychologie, belastete Entwicklungsverläufe) sowie integrative Handlungsmodelle. Sie ist Mitarbeiterin in zwei Forschungsprojekten (Evaluationsstudie von Familieninterventionen, Kinder psychisch kranker Eltern).

Han Spanjaard, Lic. phil., studierte Psychologie an der Universität Groningen (NL). Er entwickelte, implementierte und evaluierte verschiedene Präventions- und Interventionsprogramme für Kinder und Jugendliche mit erheblichen Verhaltensproblemen. Er leitet die Abteilung Praxisforschung des Institutes PI Research in Duivendrecht (NL) und ist Autor verschiedener Publikationen auf der Grundlage des Kompetenzmodells.

Die beiden Autorinnen sind – mit Zustimmung des NJi (Nederlands Jeugdinsititut) – verantwortlich für die Übersetzung, Adaptierung und Weiterentwicklung des Basistextes für dieses Manual: Spanjaard, H. & Haspels, M. (2005). Families First. Handleiding voor gezinsmedewerkers. Amsterdam: NIZW Jeugd Utrecht/SWP Amsterdam.

Redaktion und Satzerstellung durch die Autorinnen

1. Auflage: 2008
2. Auflage: 2009

Bibliografische Information der *Deutschen Nationalbibliothek*
Die Deutsche Nationalbibliothek verzeichnet diese Publikation in der Deutschen Nationalbibliografie; detaillierte bibliografische Daten sind im Internet über http://dnb.d-nb.de abrufbar.

ISBN 978-3-258-07312-5

Alle Rechte vorbehalten.
Copyright © 2009 by Haupt Berne
Umschlaggestaltung: Pool Design, Zürich
Jede Art der Vervielfältigung ohne Genehmigung des Verlages ist unzulässig.
Printed in Germany

www.haupt.ch

Inhalt

Vorwort und Dank		9
Einleitung		11

Grundlagen

1	KOFA: Kompetenzorientierte Familienarbeit	15
1.1	Paradigmawechsel in der Arbeit mit Familien	15
1.2	Handlungsorientierungen für die kompetenzorientierte Familienarbeit	17
	1.2.1 Grundrechte	*17*
	1.2.2 Grundbedürfnisse	*18*
	1.2.3 Fachliche Orientierungen	*18*
	1.2.4 Basisdimensionen	*20*
1.3	Spezifika von KOFA	21
2	Das Kompetenzmodell	25
3	Theoretische Grundlagen im Überblick	29
3.1	Entwicklungstheorie	29
	3.1.1 Entwicklung als lebenslanger Prozess	*29*
	3.1.2 Entwicklung als Interaktionsprozess zwischen Mensch und Umwelt	*33*
	3.1.3 Entwicklungsaufgaben	*34*
	3.1.4 Bedeutung entwicklungspsychologischer Konzepte in KOFA	*36*
3.2	Lerntheorie	37
	3.2.1 Die operante Lerntheorie	*38*
	3.2.2 Die soziale Lerntheorie	*42*
	3.2.3 Die kognitive Lerntheorie	*42*
	3.2.4 Die Selbstbestimmungstheorie	*44*
	3.2.5 Bedeutung der Lerntheorien für KOFA	*46*
3.3	Systemtheorie	46
4	Kompetenzanalyse	49
5	KOFA: Module, Phasen und Instrumente im Überblick	53
5.1	Die drei Standardmodule	53
	5.1.1 Modulbeschreibung KOFA-Abklärung	*53*
	5.1.2 Leistungsbeschreibung KOFA-6-Wochen	*54*
	5.1.3 Leistungsbeschreibung KOFA-6-Monate	*55*
5.2	Phasen	56
5.3	Ziele und Instrumente	58

Informationsphase

6	Ziele der Informationsphase	65
7	Auftragsklärung	67
8	Aufbau einer Arbeitsbeziehung	71
9	Sammeln und Analysieren von Informationen	77

9.1	Gesprächsführung	77
9.2	Beobachtung	82
9.3	Instrumente für die Informationssammlung	85
9.4	Aufbereiten der gesammelten Daten: Diagnostik und Berichte	92
	9.4.1 Diagnostische Kompetenzanalyse DKA	*92*
	9.4.2 Zwischenbericht	*94*
	9.4.3 KOFA-Abklärung: Schlussbericht	*95*
10	**Ziele erarbeiten/einen Arbeitsplan erstellen**	**97**
10.1	Ziele priorisieren	99
10.2	Weitere Ziele erarbeiten	101
10.3	Der Arbeitsplan: SMART-Ziele und Arbeitspunkte	106

Veränderungsphase

11	**Aufgaben erleichtern**	**113**
11.1	Praktische Hilfe	113
11.2	Materielle Hilfe und Arbeitsgeld	114
11.3	Arbeit an Risikofaktoren	115
12	**Fähigkeiten erwerben**	**117**
12.1	Die Techniken im Überblick	117
12.2	Feedback	118
12.3	Die Verhaltensanweisung	120
12.4	Modell stehen	121
12.5	Die Verhaltensübung	121
12.6	Fähigkeiten generalisieren	123
12.7	Zusätzliche Aufgaben einführen	124
13	**Gedanken und Gefühle beeinflussen**	**125**
13.1	Störende und helfende Gedanken	125
13.2	Techniken für den Umgang mit Gefühlen	127
	13.2.1 Das Thermometer und die Erste-Hilfe-Karte	*127*
	13.2.2 Gefühle erkennen und benennen	*131*
14	**Alltagsprobleme lösen**	**135**
14.1	Kleine Brötchen backen	135
14.2	Bleistift- und Papier-Training	136
	14.2.1 Bleistift- und Papier-Training mit einem einzelnen Familienmitglied	*136*
	14.2.2 Bleistift- und Papier-Training mit der Familie	*138*
15	**Erziehungsfähigkeit verbessern**	**141**
15.1	Die Basisfähigkeiten	142
	15.1.1 Beobachten	*142*
	15.1.2 Kommunikationsfähigkeiten	*144*
15.2	Verhalten des Kindes als Fokus	146
15.3	Fähigkeiten der Eltern als Fokus	149
15.4	Verhalten von Jugendlichen ändern	155
15.5	Bedenken von Eltern	157
16	**Das soziale Netzwerk aktivieren**	**159**
16.1	Bedeutung des Netzwerkes	159
16.2	Fähigkeiten zur Aktivierung des Netzwerkes	161
16.3	Vermitteln in Konfliktsituationen	161

Abschlussphase

17   Abschluss und Follow up   167
17.1   Der geplante Abschluss   167
17.2   Der nicht geplante Abschluss   168
17.3   Die Anschlusshilfe   168
17.4   Der Schlussbericht   169
17.5   Follow-up-Gespräche   171

Implementierung

18   Implementierung von KOFA   175
18.1   Konkrete Aufgaben für die Implementierung   176
18.2   Qualifikation der Mitarbeitenden   177
18.3   Qualitätsentwicklung   178

19   Literaturverzeichnis   181
20   Verzeichnis der Abbildungen und Tabellen   184

Vorwort und Dank

Familien sind mit einer Fülle von Aufgaben konfrontiert, die sich aus den Entwicklungsbedürfnissen der Familienmitglieder ergeben und die sich im Laufe des Familienzyklus immer wieder verändern. Zudem sind Familien eingebettet in einem vielschichtigen Sozialraum, der Chancen bietet, aber auch Risiken enthält: die Nachbarn, die Menschen im Quartier, die Schule, die Freunde und Freundinnen, die Großeltern, die Medien, die Arbeitswelt, Konsum- und Freizeitangebote und vieles mehr wirken auf Familien ein. Nicht alle Familien verfügen über genügend Ressourcen und Fähigkeiten, um mit den anfallenden Aufgaben aus eigener Kraft fertig zu werden. Wenn weitere Belastungen hinzukommen wie Krankheit, Arbeitslosigkeit, finanzielle Probleme, Verhaltensschwierigkeiten eines Kindes, dann kann die Situation eintreten, dass die Familie fachliche Unterstützung braucht. Eine mögliche Antwort auf Belastungen in Familien ist die aufsuchende Familienarbeit. KOFA – die kompetenzorientierte Familienarbeit ist eine für den deutschen Sprachraum innovative Methodik für die Hilfe an Familien. Dieses Manual liefert die Grundlagen dazu.

Ein Manual ist ein Handbuch, das in den Händen von Praktikerinnen und Praktikern das professionelle Handeln theoriegeleitet strukturiert, dokumentiert und einer systematischen Evaluation zugänglich macht. Das KOFA-Manual ist der erste Folgetext, der die Grundlagen aus dem Buch Kompetenzorientierung (Cassée, 2007) für ein ausgewähltes Praxisfeld konkret ausformuliert. Ein weiteres Manual für die kompetenzorientierte Arbeit in stationären Settings (KOSS) ist geplant.

Dieses Manual entstand auf der Basis holländischer Quellen, die von mir in den letzten vier Jahren für den deutschsprachigen Kontext angepasst, erweitert und erprobt wurden. Ich danke meinen Kolleginnen und Kollegen von PI Research in Duivendrecht NL für die anregende fachliche Kooperation. Mein spezieller Dank geht an Han Spanjaard, Leiter von PI Research und Autor des holländischen Handbuchs für Families First (Spanjaard, H. & Haspels, M. 2005). Dieser Text bildet die Basis für die Struktur und die zentralen Inhalte des vorliegenden Manuals, das nun in der deutschen Version und mit Erweiterungen für den deutschsprachigen Raum als Handbuch für die KOFA-Trainings genutzt werden kann. Für die Zustimmung zur Verwendung und Bearbeitung dieses holländischen Textes danke ich auch dem NJI (Nederlands Jeugd Instituut). Die deutschsprachigen KOFA-Module nehmen zwar Impulse der ursprünglichen Families-First-Konzepte auf, haben diese aber adaptiert und zu eigenen Interventionsprogrammen für belastete Familien ausdifferenziert.

Mit Marijke van Vugt verbinden mich anregende Erfahrungen bei den ersten Trainings in Zürich. Ihr verdanke ich – neben Materialien – wertvolle Hinweise auf Konkretisierungen und Implementierungen des Modells in Praxis und Ausbildung.

Studierende des Masterstudiums Kinder- und Jugendhilfe an der Zürcher Hochschule für Angewandte Wissenschaften, Departement Soziale Arbeit, haben mich mit ihren anregenden Fragen und Beiträgen ermutigt, das Modell weiter auszuarbeiten und zu implementieren. Speziell erwähnen möchte ich Franziska Beer, die in ihrer Masterthesis die Grundlagen zur Implementierung von KOFA in der Stadt Luzern erarbeitet hat (Beer, 2006).

Ohne die Zusammenarbeit mit Praxisorganisationen hätte dieses Manual in der vorliegenden Form nicht erstellt werden können. Ich danke Rolf Küng, dem zuständigen Teamleiter der Stiftung für psychosoziale Integration von Kindern und Jugendlichen ikj (Bremgarten). Hier starteten Ende 2005 die ersten Familieninterventionen nach der KOFA-Methodik. Wichtige Impulse verdanke ich auch dem Leitungsteam der SPFA im Zentrum Rötel (Zürich). Tessa Porges, eine der Teamleiterinnen, hat sich stark für die KOFA-Methodik engagiert und übernimmt heute KOFA-Trainings und Coachings. Im Rahmen eines mehrjährigen Projektauftrags im Zentrum Inselhof (Zürich) konnte ich die KOFA-Methodik anhand vieler Praxisbeispiele prüfen und wichtige Instrumente testen. Die Neuausrichtung im Zentrum Inselhof stützt sich bei der Arbeit mit Müttern/Eltern mit Kleinkindern auf die Kompetenzorientierung – die Kolleginnen, speziell Christina Groff und Kaija Grossen, haben in Rahmen der Projektarbeit wesentlich zur Konkretisierung der Methodik beigetragen.

Seit November 2006 wird die KOFA-Methodik in einer durch die Kommission für Technologie und Innovation (KTI) finanzierten Studie evaluiert. Dieses Projekt an der Zürcher Hochschule für Angewandte Wissenschaften, Departement Soziale Arbeit, will in Kooperation mit fünf Praxisorganisationen die Implementierung, die Qualität, die Wirkung sowie die Nachhaltigkeit von KOFA-Interventionen evaluieren. Neben den drei oben erwähnten Praxispartnern, ikj, Zentrum Rötel und Zentrum Inselhof, sind dies die Fachstelle Kinderbetreuung, Luzern, sowie die Mobile Familienberatung & Krisenintervention, Dietikon. Erfahrungen aus diesem Projekt, dessen erste Etappe im November 2008 abgeschlossen wird, sind in dieses Manual eingeflossen. Barbara Baumeister und Silvia Gavez sind als Forschungsmitarbeiterinnen in dieser Studie engagiert.

Mein Dank richtet sich nicht zuletzt an meine langjährige Kollegin Barbara Los-Schneider, die seit dem ersten Training in Zürich an der Weiterentwicklung und Implementierung der KOFA-Methodik beteiligt war. Ich freue mich, nun mit ihr zusammen dieses Manual einem breiteren Publikum zugänglich machen zu können. Aus den etwas tollkühnen Anfängen sind mittlerweile drei erprobte und konsolidierte Interventionsmodule entstanden, die bei Praktikerinnen und Praktikern auf großes Interesse gestoßen sind. Ich hoffe, dass das Manual die Weiterentwicklung von KOFA im deutschsprachigen Raum vorantreibt.

Forch, im Januar 2008   Kitty Cassée

Zur zweiten Auflage

Erfreulicherweise ist das KOFA-Manual auf grosses Interesse gestossen. Es erscheint nun in einer zweiten, leicht überarbeiteten Auflage.

November 2008

Einleitung

An wen richtet sich dieses Buch?
Dieses Buch präsentiert eine Methodik für die aufsuchende Sozialarbeit in Familien, welche aus verschiedenen Gründen die Anforderungen des Alltags nicht in genügendem Maß aus eigener Kraft bewältigen können. Es richtet sich dementsprechend an Personen und Organisationen, die in diesem Bereich tätig sind, sowie an zuweisende und finanzierende Stellen, welche Interventionen in Familien begründen, planen, begleiten und finanzieren. Es ist zudem gedacht für Dozierende und Studierende der Sozialen Arbeit auf der Bachelor- und Masterstufe, die an diesen Inhalten interessiert sind resp. sich für die aufsuchende Arbeit mit Familien qualifizieren wollen.

Spezifisch zugeschnitten ist das Buch auf die drei Standardmodule für die kompetenzorientierte Familienarbeit: die vierwöchige Abklärung und das 6-Wochen- resp. das 6-Monate-Modul. Diese drei Module werden in einer breit angelegten Studie in der Schweiz evaluiert. Nur diese drei Module dürfen als KOFA-Interventionen bezeichnet werden – eine entsprechende Patentierung ist geplant. Alle anderen Varianten für die Intervention in Familien, die Instrumente aus diesem Handbuch einsetzen, mögen zwar im Sinne der Kompetenzorientierung mit Familien arbeiten, gelten aber nicht als KOFA-Module nach evaluierten Standards.

Der Text stellt darüber hinaus Grundlagen und Materialien bereit für andere Interventionsvarianten in Familien wie z. B.:

> *für die Arbeit mit Familien im Rahmen stationärer Settings (Heime, Wohngruppe, Kliniken)*

> *für die Rückplatzierung nach einem stationären Aufenthalt (z. B. von Eltern nach einem Klinikaufenthalt sowie von Kindern und Jugendlichen nach einem Heimaufenthalt)*

> *für die Kompetenzerweiterung von Eltern resp. Elternteilen, die mit ihrem Kind in einem stationären Setting leben (z. B. Mutter-Kind-Stationen).*

Handbuch für die Praxis
Das Buch ist kein Lehrbuch, das in erster Linie theoretische Ansätze vermittelt. Die für die Kompetenzorientierung bedeutsamen Referenztheorien werden erwähnt und eingeordnet, können aber im Rahmen eines auf die praktische Anwendung ausgerichteten Manuals nicht vertieft dargestellt werden. Und obwohl es in diesem Manual um Interventionen in Familien geht, werden keine Grundlagen zum Thema Familie vermittelt. Der Text richtet sich an ausgebildete und teilweise erfahrene Fachpersonen resp. an Personen in Ausbildung, die bereits über hinreichendes Fachwissen verfügen und Wissenslücken selbständig füllen können. Vertiefungen und ein ausführliches Literaturverzeichnis finden sich in Cassée, 2007.

Aufbau

Das Buch ist in fünf Hauptteile gegliedert:

> Im Teil «Grundlagen» wird in gekürzter Form dargestellt, was mit Kompetenzorientierung gemeint ist, und was die theoretischen Grundlagen des Kompetenzmodells sind. Die KOFA-Module werden mit den standardisierten Instrumenten beschrieben.

> Im folgenden Teil «Informationsphase» werden die Schritte und Instrumente zur Erfassung der notwendigen Informationen über die Familiensituation beschrieben. Zudem wird erläutert, wie mit Hilfe dieser Informationen konkrete Ziele und Arbeitspunkte für die nachfolgende Veränderungsphase abgeleitet werden können.

> Im Teil «Veränderungsphase» wird beschrieben, durch welche Techniken und Methoden die Veränderungsprozesse in Familien unterstützt werden können.

> Der Teil «Abschlussphase» erläutert den geplanten und den nicht geplanten Abschluss einer Intervention sowie die Instrumente für die so genannten Follow-ups.

> Der letzte Teil «Implementierung» formuliert die Anforderungen, die von Bedeutung sind für Fachstellen und Organisationen, welche KOFA-Module anbieten (wollen). Es handelt sich um Hinweise auf den Einführungsprozess einer Methodik sowie auf Anforderungen an die Leitungspersonen und die Familienarbeitenden einerseits, an die Programmtreue und die Qualitätssicherung andererseits.

Die einzelnen Teile sind jeweils mit praktischen Beispielen und Übungen angereichert.

Downloads

Die Kompetenzorientierung kennt eine Reihe von Standardinstrumenten, die zur Arbeit in den jeweiligen konkreten Praxisbereichen in angepasster Form eingesetzt werden. Die Standardinstrumente werden in Cassée (2007) erläutert und in diesem Handbuch auf die aufsuchende Familienarbeit nach der KOFA-Methodik zugeschnitten. Die Instrumente finden sich unter www.haupt.ch/KOFA und unter www.kompetenzorientierung.ch.

Trainings

Die Kompetenz für die Arbeit mit der KOFA-Methodik wird in Gruppentrainings erworben, die an der Zürcher Fachhochschule für Angewandte Wissenschaften, Departement Soziale Arbeit, in Zürich angeboten werden. Das fünftägige Basistraining steht regelmäßig auf dem Programm – Fortsetzungs- und Vertiefungstrainings sind in Vorbereitung. Im Speziellen sind neben bereits installierten Intervisionsgruppen auch Fallcoachings und Fallseminare geplant. Für Teamleiter/-innen resp. für Stellenleiter/-innen sind Trainingsangebote zur Fallbegleitung und für das Coaching des eigenen Teams in Vorbereitung. Aktuelle Informationen zu den laufenden und geplanten Angeboten können über www.kompetenzorientierung.ch heruntergeladen werden. Nur Personen, die das Basistraining absolviert haben und bei ihren KOFA-Einsätzen fachlich begleitet sind, sind berechtigt, KOFA-Interventionen durchzuführen.

Grundlagen

1 KOFA: Kompetenzorientierte Familienarbeit

1.1 Paradigmawechsel in der Arbeit mit Familien

Familien befähigen statt Familien ersetzen: unter diesem Motto fand in den letzten Jahren ein tief greifender Wandel bei der Hilfe für stark belastete Familien statt. Dieser Paradigmawechsel vollzog sich in Holland und der BRD vor einigen Jahren in großem Stil – aus fachlichen Gründen, aber auch beschleunigt durch die Finanzknappheit der öffentlichen Hand. Alle Interventionsformen im neuen Paradigma leisten möglichst wenig invasive und möglichst kurze Hilfe, bei der die Familienmitglieder aktiv einbezogen werden. In der BRD und in der Schweiz haben vor allem Konzepte der Sozialpädagogischen Familienhilfe (SPFH) Eingang in die Leistungspalette der Kinder- und Jugendhilfe gefunden. Die SPFH ist in der Regel als längerfristige, wenig strukturierte Intervention mit einer breiten Methodenpalette ausgestaltet. Die vorliegenden SPFH-Konzepte sind nur rudimentär als Handlungsmodelle (so genannte Methodiken) mit entsprechenden Instrumenten ausformuliert, konkretisiert und evaluiert.

Manualisierte Methodiken

Vor allem in den USA wurden in den letzten 30 Jahren Interventionsmodelle für die Arbeit in Familien entwickelt, die auch bei hoher Problembelastung (Delinquenz, Drogenkonsum der Eltern und/oder der Kinder, Kriminalität, Schulversagen, psychischer Erkrankung etc.) das Kind resp. den Jugendlichen in der Familie belassen und intensiv mit dem Familiensystem zusammenarbeiten. Bei einer bereits erfolgten Herausnahme des Kindes aus der Familie wird auf eine mögliche Rückkehr hingearbeitet. Diese Programme, die unter der Bezeichnung «Families First» resp. «Home-builders-Model» angeboten werden, wurden evaluiert und zeigen im Vergleich zu einer stationären Unterbringung gute Resultate bei bedeutend tieferen Kosten. Die guten Evaluationsergebnisse dürfen nicht darüber hinwegtäuschen, dass es Kinder und Jugendliche gibt, denen im Rahmen ihrer Familie nicht genügend geholfen werden kann.

In den Niederlanden wurden einige dieser amerikanischen Programme ab 1990 eingeführt, allerdings erweitert um entwicklungspsychologische Theoriebausteine und um die Instrumente aus dem Kompetenzmodell (Berger & Spanjaard 1996, van Vugt & Berger, 1999, Spanjaard & Haspels 2005). Die holländischen Weiterentwicklungen sind lern- und entwicklungstheoretisch fundiert und orientieren sich an den Entwicklungsaufgaben von Kindern, Jugendlichen und deren Eltern (vgl. Cassée, 2007). Sie überwinden die stärker familientherapeutisch ausgeprägte Ausrichtung des amerikanischen Originals. In Deutschland erfolgte etwas später die Einführung von Programmen in Anlehnung an die amerikanischen Vorbilder unter Bezeichnungen wie «Familienaktivierungsmanagement», «Familienstabilisierungsprogramm» oder «Familienkrisenhilfe». Es handelt sich dabei um Adaptationen der amerikanischen Vorlage ohne die expliziten entwicklungspsychologischen Erweiterungen der holländischen Programme (vgl. EREV, 1997, Klein & Römisch, 1996, Römisch, 1998).

In der Schweiz ist eine methodisch strukturierte, dokumentierte und evaluierte Vorgehensweise in der Familienarbeit noch wenig verbreitet. Die Ressourcenorientierung sowie systemische Konzepte unterschiedlicher Provenienz sind zwar häufig erwähnte theoretische Orientierungen, sie sind aber nur sehr rudimentär als Handlungsmodelle mit entsprechenden Instrumenten ausformuliert und konkretisiert. Sie entstammen eher einer individual- oder familientherapeutischen Tradition, welche aber wenig konkreten Zugang zur konkreten Gestaltung des Alltags in Familien hat und die sozialräumliche Einbettung der Familie für die Interventionsplanung kaum fruchtbar machen kann.

Ein konsequent theoriegeleitetes Modell, das sich in den Händen von Professionellen der Sozialen Arbeit bewährt hat – eine so genannte *Methodik* – ist bisher im deutschsprachigen Raum noch kaum verbreitet.

> *Unter einer Methodik verstehen wir ein theoretisch begründetes Ordnungs- und Handlungsmodell, das als Standard bei mehreren Leistungserbringern zur Anwendung kommt. Eine Methodik umfasst Arbeitsschritte und Verfahren für die Diagnostik, Planung und Gestaltung sowie für die Evaluation von Interventionen.*

Cassée (2007) hat unter dem Titel «Kompetenzorientierung» die Grundlagen einer Methodik für die Kinder- und Jugendhilfe mit einer Palette von Instrumenten und einer Reihe von Anwendungsbeispielen vorgestellt. Nachfolgend findet sich eine Kurzdarstellung der wesentlichen Bausteine dieser Methodik. Sie werden in den Kapiteln 2 und 3 weiter ausdifferenziert und für die Arbeit mit Familien konkretisiert.

Kompetenzorientierung

Die Kompetenzorientierung ist die auf den deutschsprachigen Kontext adaptierte Version des Kompetenzmodells, wie es vor allem vom PI-Research entwickelt wurde. Das Kompetenzmodell hat sich in den Niederlanden in den letzten 30 Jahren in der Kinder- und Jugendhilfe durchgesetzt. Es ist ein Ordnungs- und Handlungsmodell, um Informationen zu sammeln und zu ordnen und daraus Interventionsstrategien und -schritte abzuleiten (vgl. Kap. 2). Das Modell ist offen für verschiedene Referenztheorien (vgl. Kap. 3). Die theoretische Fundierung in einer entwicklungspsychologischen, systemischen sowie kognitiv-verhaltenstheoretischen Tradition hat sich – neben anderen Theorieansätzen, die sich sinnvoll verknüpfen lassen – in der Praxis bewährt, wie viele niederländischen Evaluationsstudien und die einzige deutsche Studie zeigen (Erzberger, 2004). Aus unserer Sicht stellt das Kompetenzmodell die Arbeit mit Familien auf eine neue Basis, die uns im deutschsprachigen Raum bisher gefehlt hat. Wir orientieren uns deshalb für die Arbeit mit belasteten Familien an diesem Modell und sprechen von Kompetenzorientierter Familienarbeit (KOFA).

1.2 Handlungsorientierungen für die kompetenzorientierte Familienarbeit

Das KOFA-Konzept orientiert sich an einer Reihe von Handlungsmaximen, die von übergeordneter Bedeutung für die kompetenzorientierte Familienarbeit sind. Diese Maximen bilden die verbindliche Basis für Interventionen in Familien und sind Richtschnur zur Beurteilung des Kindeswohls. Alle Arbeitsschritte, Verfahren und Instrumente der KOFA-Interventionen sind auf der Basis dieser Handlungsorientierungen ausgestaltet. Es sind dies

> die Grundrechte des Kindes, wie sie in der Uno-Kinderrechtskonvention beschrieben sind (1.2.1)
> die Grundbedürfnisse, die aus fachlicher Sicht genügend befriedigt sein müssen, damit das Kindeswohl als gesichert gelten kann (1.2.2)
> fachliche Orientierungen, die die Haltung der Professionellen in der Arbeit mit Familien prägen (1.2.3)
> Basisdimensionen, die für die kompetenzorientierte Arbeit mit Familien bestimmend sind (1.2.4).

1.2.1 Grundrechte

In der UN-Kinderrechtskonvention vom November 1989 werden die Rechte des Kindes in insgesamt 54 Artikeln beschrieben. Dazu zählen insbesondere die folgenden, die für die KOFA-Interventionen im Zentrum stehen:

> Schutzrechte
>   - Schutz vor sexuellem Missbrauch, vor Ausbeutung, vor dem Missbrauch von Suchtstoffen
>   - Schutz vor Diskriminierung
>   - Schutz vor Trennung von den Eltern
>   - Schutz vor Schädigung durch Medien
> Rechte auf Förderung
>   - Das Kindeswohl ist bei allen Maßnahmen öffentlicher und privater Einrichtungen sowie bei Gesetzgebungs- und Verwaltungsmaßnahmen zu berücksichtigen
>   - das Recht auf Bildung, Gesundheitsförderung etc.
> Beteiligungsrechte
>   - Das Recht, bei allen Angelegenheiten, die das Kind betreffen, unmittelbar oder über einen Vertreter angehört zu werden

Interventionen in Familien haben diesen Rechten mit allen Mitteln Nachachtung zu verschaffen.

1.2.2 Grundbedürfnisse

Das Kindeswohl bemisst sich an der Befriedigung der Grundbedürfnisse, die wir in Anlehnung an den Dormagener Qualitätskatalog (Stadt Dormagen, 2001) und wie folgt formulieren:

> *Körperliche Bedürfnisse*
> Ein Kind muss seinem Alter entsprechend gepflegt, ernährt, versorgt und geschützt werden. Besteht der begründete Verdacht, dass die körperlichen Bedürfnisse eines Kindes nicht genügend befriedigt werden, und kann durch Interventionen vor Ort keine nachhaltige Verbesserung erreicht werden, muss das Kind aus der Familie herausgenommen werden.

> *Psychosoziale Bedürfnisse*
> Ein Kind braucht Liebe, Annahme und Zuwendung, Bezugspersonen und Orientierung, um aggressive und libidinöse Wünsche zu leben und zu bewältigen, sowie tragfähige Beziehungsangebote. Ein Kind braucht für die Sicherung seiner Existenz und für eine umfassende Entwicklung so genannte 3V-Bezugspersonen: mindestens eine Person im Umfeld ist verlässlich, verfügbar und vertraut (Mahrer et al., 2007, S. 16).

> *Intellektuelle Bedürfnisse*
> Ein Kind braucht Hilfe beim Verstehen der Innen- und der Aussenwelt (das Selbst, das Andere, die Anderen). Es braucht Förderung und Anregungen, um seine kognitiven Kräfte zu entfalten.

> *Moralisch-ethische Bedürfnisse*
> Ein Kind braucht moralische Orientierung, die konsistente Sinnkonstruktionen ermöglicht. Es braucht Grenzen und Strukturen, die auf Fürsorge und Erklärung und nicht auf Angst und Strafe aufbauen.

In der Arbeit mit Familien wird abgeklärt, inwieweit diese Grundbedürfnisse erfüllt werden.

1.2.3 Fachliche Orientierungen

Lebensweltorientierung/Netzwerkarbeit

Lebensweltorientierung ist ein Handlungskonzept der Sozialen Arbeit, bei dem das Einbeziehen und Sich-Einlassen auf die unterschiedlichen Lebenswelten von Klienten/innen im Zentrum steht. Analyse und Intervention ergeben sich aus einer sozialökologischen, sozialräumlichen Perspektive (Bronfenbrenner (1982), die den Blick öffnet für die Schutz- und Risikofaktoren in der Lebenswelt der Familien. Dies geschieht in Partizipation mit dem Klientsystem und setzt Achtung für andere Lebensentwürfe voraus (vgl. Grunwald & Thiers, 2004).

In den KOFA-Modulen werden die Lebensbedingungen und das Netzwerk genau erfasst und beschrieben:

> Strukturelle Merkmale
> Integration in zentralen Sozialisationssystemen, Umfang der Kontakte, Bandbreite/Vielfalt, Erreichbarkeit der Personen

> Funktionale Merkmale
> Ausmaß, in dem das Netzwerk für Bedürfnisse und Anliegen der Familie genutzt werden kann (Art der Kontakte, Frequenz, Bedeutung)

Empowerment und Partizipation

Für die Arbeit mit Familien sind die Handlungsorientierungen Empowerment und Partizipation zentral (vgl. Herriger, 2006). Diese Konzepte legen den Akzent stärker auf Vermittlung und Dialog als auf Disziplinierung und Einmischung.

Empowerment und Partizipation betonen:

> *Autonomie und Selbstbestimmung*
> Die Familienmitglieder bewältigen – unter Berücksichtigung ihrer Fähigkeiten und Ressourcen – ihren Alltag so autonom und selbstbestimmt wie möglich.

> *Stärken, Fähigkeiten und Ressourcen der Klienten/innen*
> Alltagssituationen sind so zu konzipieren, dass Klienten/innen ihre Stärken, Fähigkeiten und Ressourcen im Alltag nutzen und erweitern können.

> *Mitwirkungs- und Mitentscheidungsmöglichkeiten*
> Die Schaffung gezielter Mitwirkungs- und Mitentscheidungsmöglichkeiten im Alltag reduziert Gefühle von Hilflosigkeit, Machtlosigkeit und Fremdbestimmung bei den Klienten/innen.

> *Prozesse der Selbstgestaltung*
> Durch die Art der Alltagsgestaltung werden Selbstgestaltungsprozesse angeregt, gefördert und unterstützt, und der (Wieder-)Aufbau und die Stärkung des Vertrauens in die eigenen Handlungsmöglichkeiten werden gefördert (Erhöhung der Selbstwirksamkeit).

> *Wechselwirkung zwischen verschiedenen Ebenen*
> Empowerment- und Partizipationsprozesse finden im Alltag sowohl auf individueller als auch auf familien- und organisationsbezogener Ebene statt. Diese Ebenen beeinflussen sich gegenseitig, d.h. die Entwicklung auf individueller Ebene hat Auswirkungen auf Familienprozesse bzw. Verbesserungen auf der Familienebene befördern die individuelle Entwicklung.

Psychosoziale Hilfen, die sich an Empowerment/Partizipation orientieren, betonen nicht die Bedürftigkeit und Abhängigkeit der Klienten/innen, sondern stellen deren Bedürfnisse und Rechte, Fähigkeiten und Ressourcen in den Mittelpunkt.

Bei der Umsetzung des Empowerment-Ansatzes in den Alltag der Familienarbeit sehen wir uns auch mit Grenzen konfrontiert:

> *Grenzen bei Selbst- und Fremdgefährdung*
> Wenn andere Personen bedroht, eingeschüchtert oder erpresst werden, wenn wird offene Gewalt angewendet wird oder eine Selbstgefährdung vorliegt, müssen deutliche Grenzen gesetzt und Übergriffe abgewehrt werden. Empowerment-Praxis endet an diesem Punkt, und soziale Kontrolle und schützende Interventionen setzen ein (Herriger 2006, S. 200), weil nur so das Kindeswohl und die Sicherheit in der Familie gewährleistet werden können.

> *Grenzen bei behördlicher Anordnung*
> Nicht immer erfolgt Familienhilfe auf der Basis von Freiwilligkeit. So entsteht «eine nur schwer zu lösende paradoxe Situation: Prozesse der Bemündigung und der sozialen Inklusion anregen zu wollen in einer Situation des Zwangs und der Restriktion». (Herriger, 2006, S. 202). In der Familienarbeit ist die Situation des Zwangs häufig bei einer Abklärung des Kindeswohls gegeben – entsprechend anspruchsvoll ist die Balance zwischen der behördlichen Anordnung und dem Aufbau einer tragfähigen Arbeitsbeziehung in der Familie.

1.2.4 Basisdimensionen

Das KOFA-Konzept knüpft bei der Tradition strukturierter Familieninterventionen an und übernimmt von diesen einige Dimensionen. In der untenstehenden Auflistung gelten die kursiv hervorgehobenen Punkte als spezifisch für die KOFA-Module, die übrigen auch für andere Programme in der Tradition von Families First (vgl. EREV, Erzberger, 2004).

> Leitindikation ist die erhebliche Beeinträchtigung der Funktionsfähigkeit des Familiensystems. Die Bewältigung der alltäglichen Aufgaben im Familienzyklus ist ernsthaft gefährdet.
> *KOFA: Die Alltags- und Entwicklungsaufgaben der Eltern und der Kinder können mit den vorhandenen Ressourcen und Fähigkeiten nicht genügend bewältigt werden.*

> *KOFA: Die Interventionen zielen ab auf die Erweiterung der Kompetenzen der Familienmitglieder zur Bewältigung der anstehenden Aufgaben des Alltags.*

> Die Funktionsfähigkeit der Familie soll durch die Intervention wieder soweit hergestellt werden, dass die Familie ihre Aufgaben (möglichst) autonom resp. mit weniger intensiver Hilfe gut genug bewältigen kann.

> Die Sicherheit der Kinder ist prioritär (Sicherung des Kindeswohls). Die Sicherheit der übrigen Familienmitglieder muss gewährleistet sein.

> Eine Krise bietet gute Möglichkeiten für Veränderung – sie ist ausdrücklich keine Kontraindikation für die Intervention.

> Der Faktor Zeit wird bewusst und geplant eingesetzt nach dem Grundsatz: die Interventionen sind so kurz wie möglich und so intensiv wie nötig.

> *KOFA: Die Arbeit in der Familie ist klar phasiert und durch theoretisch begründete Instrumente und Arbeitsschritte strukturiert.*

> *KOFA: Die Instrumente bilden die Grundlage für das Reporting und das Controlling.*

1.3 Spezifika von KOFA

Indikation
Hauptindikation für die aufsuchende Familienintervention ist in jedem Fall die erhebliche Beeinträchtigung der Funktionsfähigkeit des Familiensystems. Die Bewältigung der alltäglichen Aufgaben ist ernsthaft gefährdet und/oder es besteht Unklarheit über die Sicherheit der Kinder.

Die konkreten Schwierigkeiten in der Familie, bei denen KOFA indiziert ist, sind z. B.:

> Erziehungsprobleme der Eltern: Überforderung in der Aufgabe als Mutter resp. Vater, konflikthafter Alltag, mangelnde Einfühlung in die kindlichen Bedürfnisse, Desorganisation des Haushalts, mangelndes Wissen über kindliche Entwicklung

> Verhaltensprobleme der Kinder wie Hyperaktivität, unsoziales Verhalten, Lern- und Leistungsschwierigkeiten in der Schule, Schule schwänzen, Aufsässigkeiten gegen die Eltern, Hemmungen und selbstschädigendes Verhalten

> Gewalt gegen Kinder, sexuelle Misshandlung, Vernachlässigung der Kinder

> Suchtprobleme der Eltern und/oder der Kinder

> Psychische Erkrankung der Eltern und/oder der Kinder

> geistige Behinderung der Eltern und/oder der Kinder

> Beziehungsprobleme der Eltern: Konflikte, Trennung, Scheidung

> Gesellschaftliche Probleme wie Arbeitslosigkeit, Schulden, Wohnprobleme

In der Literatur zu Interventionsprogrammen in Familien werden zwei Indikationstypen unterschieden (Bakker et al., 2000, S. 19): Familien, in denen primär Erziehungsprobleme auftreten, und solche, in denen sich Probleme in mehreren Bereichen manifestieren, so genannte Multiproblem-Familien. Programme für den ersten Indikationstyp richten sich aus auf die Verbesserung der Erziehungskompetenz und setzen stark auf die Verbesserung der Interaktion zwischen Eltern und Kindern. Bei dieser Indikation eignen sich in vielen Fällen Erziehungskurse (wie z. B. Triple P), in komplexeren Fällen kann eine KOFA-Intervention indiziert sein. In Multiproblem-Familien treten mehrere Schwierigkeiten gleichzeitig und meist in Wechselwirkung auf. Häufig bestehen die Probleme bereits seit längerer Zeit – teilweise über Generationen. Hier braucht es eine intensive Intervention, in der gleichzeitig an mehreren Problemen gearbeitet wird, wie sie KOFA bereitstellt.

Families First und KOFA
Die klassischen Charakteristika des Konzeptes Families First wurden in KOFA für einzelne Dimensionen angepasst und erweitert.

Tabelle 1: Gegenüberstellung von Families First und KOFA

Families First	KOFA
Families First reagiert unmittelbar auf eine Krise (innerhalb von 24 Stunden).	KOFA reagiert rasch auf Probleme der Familie: in Absprache mit der zuweisenden Instanz und der Familie i.d.R. innerhalb von drei Tagen.
Die Fremdplatzierung eines Kindes droht.	KOFA ist indiziert bei verschiedenen Problemstellungen.
Die Hilfe findet in der Familie statt.	identisch
Das Programm leistet praktische und materielle Hilfe im Alltag und vermittelt (wenn nötig) externe Ressourcen.	identisch
Die Familienarbeiterin ist für die Familie 24h/Tag zur Beratung erreichbar.	Die KOFA-Fachstelle garantiert Erreichbarkeit (je nach Modellvariante unterschiedlich ausgestaltet).
Das Programm dauert i.d.R. 4, maximal 6 Wochen.	KOFA kennt drei Modulvarianten: *KOFA-Abklärung* 4-wöchige mehrdimensionale Erfassung der Lebensbedingungen und der Entwicklungsvoraussetzungen in der Familie mit Empfehlungen für allfällige Kindesschutzmaßnahmen und Anschlusshilfen (keine systematische Intervention) *KOFA-6-Wochen* 6-wöchige Kurzintervention mit einer Abklärungsphase, einer Interventionsphase mit hoher Kontaktfrequenz (bis zu 20 Stunden pro Woche) mit klaren kompetenzorientierten Zielen sowie mit Empfehlungen für nächste Schritte *KOFA-6-Monate* 6-monatiges strukturiertes Lernprogramm mit differenzierter Abklärung, einer 4-5-monatigen kompetenzorientierten Veränderungsphase sowie mit Empfehlungen für die nächsten Schritte
Die Probleme und Ziele, die die Familie angibt, sind der Ausgangspunkt.	Die Probleme und Ziele, die von der Familie, der zuweisenden Instanz und den Familienarbeitenden in der Informationsphase erarbeitet werden, bilden die Basis für die Veränderungsphase.

Die Leitindikation für Families First – die drohende Fremdplatzierung – steht nur in Ausnahmefällen am Anfang einer KOFA-Intervention. Wenn dies aber der Fall ist, ist entweder eine Abklärung oder das 6-Wochen-Modul, nicht jedoch das 6-Monate-Modul indiziert.

Manualisierung

Alle Module sind durch Instrumente (Formulare, Checklisten, Notizblätter, Techniken etc.) strukturiert, die von einer KOFA-Fachstelle systematisch genutzt werden. Diese Manualisierung dient der professionellen Abwicklung der direkten Klientenarbeit, der Falldokumentation, der Fallbegleitung sowie der Qualitätssicherung. Das vorliegende Manual stellt diese Instrumente vor, gibt Anwendungs- und Übungsbeispiele und ermöglicht die Aktualisierung der Instrumente über die KOFA-Website (www.kompetenzorientierung.ch oder www.haupt.ch/KOFA).

Evaluationsstudien

Interventionen, die wir als Methodiken bezeichnen, werden als Standard auf ihre Wirkung überprüft (für die USA und Holland vgl. Cassée, 2007, S. 235 - 236). In Deutschland wurden in einer Studie für die Stadt Bremen drei Programme der Familienkrisenhilfe evaluiert, die nach dem Grundkonzept der Familienaktivierung arbeiten (Erzberger, 2004). Als Ergebnis der Evaluationsstudie formuliert der Autor: «… so muss als Fazit der Evaluation konstatiert werden, dass von der Bremer Familienkrisenhilfe in der jetzt praktizierten Form alle definierten Ziele in hohem Masse erreicht werden» (a.a.O., S. 55). Konkret heißt dies, dass bei 75% der Familien mit einer intensiven, 6-wöchigen Intervention in der Lebenssituation der Familien die Fremdplatzierung eines Kindes bis zwei Jahre nach der Familienintervention verhindert werden konnte.

Die KOFA-Module werden in einer zweijährigen Studie extern evaluiert. In drei schweizerischen Kantonen beteiligen sich fünf Praxisorganisationen an der Implementierung und Weiterentwicklung der KOFA-Instrumente. Die Familieninterventionen werden evaluiert bei den betroffenen Familien, bei den zuweisenden Stellen sowie bei den Familienarbeitenden, welche die KOFA-Intervention durchgeführt haben. Nach Abschluss der Studie können den Umsetzungspartnern Evaluationstools zur Verfügung gestellt werden, die in regelmäßigen Abständen zur Selbstevaluation genutzt werden können.

2 Das Kompetenzmodell

Beim in den Niederlanden entwickelten Kompetenzmodell steht die ausdrückliche Orientierung an entwicklungspsychologischen Konzepten sowie an der Förderung von Kompetenzen im Zentrum. Die dazu benötigten Begriffe und Theoriebausteine werden nachfolgend eingeführt.

Was ist Kompetenz?
Eine präzise Definition aus dem deutschen Sprachraum zu Beginn:

> *Unter Kompetenz verstehen wir die Verfügbarkeit und die Anwendung von kognitiven, emotionalen und motorischen Ressourcen, die in konkreten sozialen Situationen zu einem langfristig günstigen Verhältnis von positiven und negativen Konsequenzen für den Handelnden führen und die von der sozialen Umwelt als akzeptabel bewertet werden (Hinsch & Pfingsten, 2002, S. 5).*

In der holländischen Literatur finden wir sehr «handliche» Definitionen – die folgende übernehmen wir für dieses Manual:

> *Kompetenz heißt: Personen verfügen über genügende Fähigkeiten und nutzen diese, um die Aufgaben, mit denen sie im täglichen Leben konfrontiert sind, adäquat zu bewältigen.*

Kompetenz hat demnach eine normative Komponente: Kompetenz bemisst sich an der Beurteilung der Angemessenheit von Verhalten in konkreten Situationen des alltäglichen Lebens. Was adäquat und inadäquat ist, ist nicht objektiv festgelegt, sondern hat mit den Normen und Erwartungen der Gesellschaft, der sozialen Umgebung und den Besonderheiten der jeweiligen Situation zu tun. Jemand wird als kompetent beurteilt, wenn ein Gleichgewicht besteht zwischen den Aufgaben, vor die er gestellt wird, und den Fähigkeiten und Ressourcen, die er besitzt, um diese zu bewältigen (vgl. ausführlich dazu Cassée, 2007, S. 29–36).

Für das Kompetenzmodell sind die Begriffe Ressourcen, Fähigkeiten und Kompetenz zentral, die in der Fachliteratur keineswegs einheitlich verwendet werden. Wir wählen folgende Begriffsbestimmungen:

Ressourcen (Ausstattung)
Ermöglichen die Entwicklung und stellen Anregungen und Möglichkeiten für Entwicklung bereit. Wir unterscheiden interne Ressourcen (Mittel, Möglichkeiten und Dispositionen in der Person, auch Schutzfaktoren genannt) und externe Ressourcen (aus der Umwelt erschließbare und nutzbare). Sowohl in der Person als auch in der Umwelt können außerdem Belastungen und Einschränkungen vorliegen (so genannte Risikofaktoren).

Fähigkeiten
Alles, was eine konkrete Person denken, fühlen, wollen und tun kann (engl. skills). Darunter fallen auch Begriffe wie Fertigkeiten und Motivation.

Kompetenz
Gebrauch von Fähigkeiten in konkreten Situationen, um konkrete Aufgaben zu bewältigen, so dass dies für die Umgebung akzeptabel ist.

Das Zusammenspiel von Ressourcen, Fähigkeiten und Kompetenz ist ein dynamischer Kreislauf: aus vorhandenen Ressourcen entwickeln sich Fähigkeiten, die sich in konkreten Situationen als Kompetenz manifestieren. Erlebte Kompetenz wird als Ressource abgespeichert.

Abbildung 1: Zusammenhang von Ressourcen, Fähigkeiten und Kompetenz

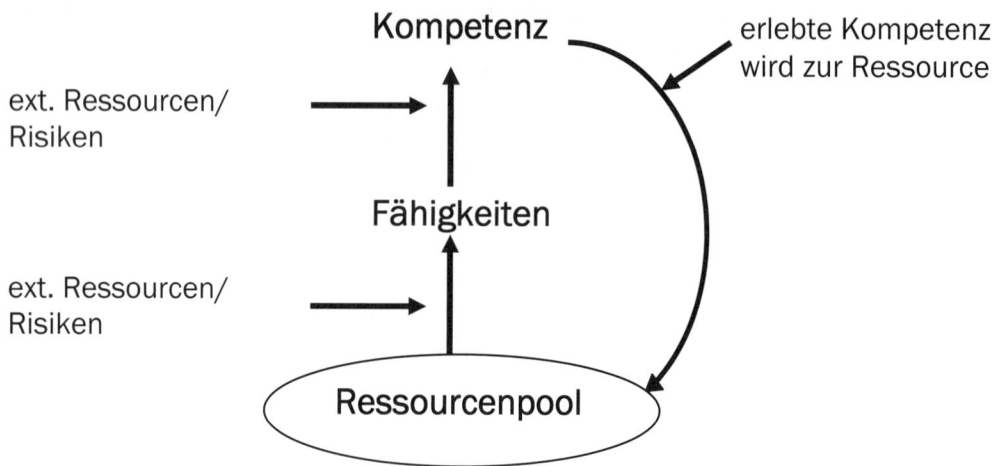

Kompetenzprobleme können demzufolge aus ganz unterschiedlichen Gründen entstehen resp. aufrechterhalten werden:

> Neben Ressourcen resp. Schutzfaktoren existieren in der Person Belastungen und Einschränkungen
> Fehlende Herausforderungen behindern die Herausbildung von Fähigkeiten.
> Vorhandene Ressourcen können nicht zu Fähigkeiten werden, weil Lernanregungen fehlen. So können gute Intelligenz und Lernmotivation unter ungünstigen Bedingungen, z. B. weil externe Ressourcen (Unterstützung durch Eltern und Lehrpersonen) fehlen, nicht zu schulisch relevanten Fähigkeiten werden.
> Vorhandene Fähigkeiten können nicht als Kompetenz manifest werden. Gute Fähigkeiten in einer Fremdsprache können nicht als Kompetenz wahrgenommen werden, wenn ein Schüler sich im Unterricht nicht beteiligt oder wenn eine Lehrperson ihn nicht zu Wort kommen lässt.

> Fehlende Kompetenzerfahrungen resp. Erfahrungen von Kompetenzmängeln werden als Entmutigung resp. als Versagen abgespeichert und belasten die weitere Entwicklung.

Theoretische Grundbausteine des Modells

Das Kompetenzmodell ist ein Ordnungs- und Handlungsmodell, in dem Inhalte aus verschiedenen Theorien zusammenfassend und aufeinander bezogen dargestellt werden können. Der Integrationsfokus ist in der obigen Darstellung schematisch vorgegeben: gefragt sind Theorieansätze, die geeignet sind, Prozesse der Kompetenzentwicklung zu verstehen und zu verändern. Die eingebunden Theorien dienen einerseits der Beschreibung und Erklärung von Situationen und Problemen, die in Familien bestehen, resp. von solchen, die einzelne Familienmitglieder haben können (systemische Ansätze, Theorien zur Struktur und Dynamik in Familien, ökologische Ansätze, Sozialisations- und Entwicklungstheorien, Lerntheorien, tiefenpsychologische und hermeneutische Ansätze). Andererseits werden Handlungstheorien und Handlungsorientierungen (systemische Interventionsansätze, Lösungsorientierung, Lerntheorien, Lebensweltorientierung, Empowerment und Partizipation) integriert, die geeignet sind, Interventionen in Familien und anderen relevanten Systemen bewusst und geplant vorzunehmen (vgl. für eine ausführlichere Darstellung Cassée, 2007, S. 47-57).

Da die Entwicklungstheorie und die Lerntheorie – neben den Handlungsorientierungen, auf die wir im Kap. 1.2.4 eingegangen sind – die wichtigsten Bausteine des Kompetenzmodells darstellen, werden diese in Kapitel 3 eingeführt. Diese theoretischen Grundlagen können und müssen je nach Problemstellung mit anderen Erklärungs- oder Handlungstheorien ergänzt werden (z. B. Psychopathologie des Kindes- und des Erwachsenenalters, Theorien zu Interkulturalität, Grundlagen und Techniken zur Gesprächsführung, Beobachtungsmethoden, makrosoziologische Ansätze). Das Modell ist für solche Ergänzungen offen und anschlussfähig und gibt den systematischen Ort für die Einbindung weiterer Theoriebezüge vor.

Standardisierung und Offenheit

Der Hinweis auf den offenen theoretischen Referenzrahmen ist bedeutsam, weil eine standardisierte Methodik leicht mit dem kritischen Einwand der Simplifizierung komplexer Zusammenhänge oder als «Rezeptlösung» abqualifiziert wird. Dies ist keineswegs gerechtfertigt. Eine Methodik will Komplexität ordnen und strukturieren – nicht vorschnell reduzieren. In das Ordnungsmodell muss Wissen aus unterschiedlichen Theoriebereichen einfließen, aber so, dass dieses Wissen aufeinander bezogen werden kann, damit gut begründete und evidenzbasierte Interventionen daraus abgeleitet werden können, welche auf Kompetenzerweiterung ausgerichtet sind.

3 Theoretische Grundlagen im Überblick

3.1 Entwicklungstheorie

Das Kompetenzmodell steht in einer sozialisationstheoretischen Tradition, die neuere entwicklungspsychologische Ansätze integriert. Menschliche Entwicklung findet im sozialisationstheoretischen Verständnis in wichtigen sozialen Systemen statt (Familie, Schule, Peergruppe, Lehrbetrieb etc.), in denen Menschen in Interaktion mit Menschen und Dingen lernen und sich entwickeln (vgl. Zimmermann, 2000, Cassée, 2007, S. 37-43). Diese Lernprozesse erfolgen auf der Basis einer biologischen Grundausstattung und sind mit bedingt durch gesellschaftliche Vorgaben und Strukturen (Arbeitsmarkt, rechtliche Grundlagen etc.).
In den folgenden Kapiteln werden verschiedene aktuelle entwicklungstheoretische Konzepte dargestellt. Sie helfen, die Herausbildung von Ressourcen, den Erwerb von Fähigkeiten und die Schritte hin zu kompetentem Handeln zu beschreiben und zu verstehen.

3.1.1 Entwicklung als lebenslanger Prozess

Entgegen früheren Theorieansätzen, welche vor allem die frühen Kindheitsjahre als bedeutend einstuften (z. B. Psychoanalyse) oder die Adoleszenz als vorläufigen Endpunkt von Entwicklung betrachteten, beschreiben aktuelle Entwicklungstheorien Entwicklung als einen Prozess über die gesamte Lebensspanne. Obschon in der frühen Kindheit aufgrund von intensiven Reifungs- und Lernprozessen die Basis für die spätere Weiterentwicklung gelegt wird, ist Entwicklung nicht mit der Adoleszenz abgeschlossen, sondern dauert – in unterschiedlicher Ausprägung – über das ganze Leben an. Der Mensch muss sich in jedem Lebensabschnitt neuen Herausforderungen stellen und diese möglichst gut bewältigen.

Aus heutiger Sicht kann Entwicklung als ein Prozess betrachtet werden, der durch die Gesamtheit aller positiven und negativen Einflüsse im ganzen Lebensverlauf geprägt wird. Diese Einflüsse und Erfahrungen werden weniger in ihrer Einzelwirkung als vielmehr in ihrer Verkettung als längerfristige Auswirkung auf die Lebensgestaltung eines Menschen und seiner Interaktion mit der Umwelt bewertet. Dabei spielen Schutz- und Risikofaktoren sowie die individuelle Resilienz bzw. Vulnerabilität eine Rolle. So kann z. B. die Trennung eines Kleinkindes von seiner Mutter unterschiedliche Langzeitwirkungen haben, je nachdem unter welchen Umständen diese zustande gekommen ist und welche Kompensationsmöglichkeiten seitens der Umwelt angeboten werden können (vgl. Oerter & Montada, 2002, S. 59-61).

Schutz- und Risikofaktoren können wie folgt definiert werden (vgl. Buddeberg & Buddeberg, 1998, S. 167-168):

> *Schutzfaktoren sind Ressourcen, welche dem Individuum zur Verfügung stehen und in belastenden Situationen aktiviert werden können. Sie begünstigen eine gesunde Entwicklung und können Risikofaktoren abschwächen.*

> *Risikofaktoren sind Belastungen bzw. Beeinträchtigungen, welche die Entwicklung eines Individuums und die Bewältigung von Lebensereignissen erschweren können.*

Schutz- und Risikofaktoren können sowohl im Individuum selbst als auch in dessen Umgebung verankert sein (interne und externe Schutz- und Risikofaktoren). Schutzfaktoren werden auch als Ressourcen bezeichnet, während Risikofaktoren auch Stressoren genannt werden.

Tabelle 2: Beispiele für Schutz- und Risikofaktoren

Externe Schutzfaktoren	Interne Schutzfaktoren
Dies sind Aspekte in der Umgebung des Individuums, die dieses vor Risiken und Rückschlägen schützen. Beispiele für Schutzfaktoren in der direkten Umgebung sind: eine gute Wohnsituation, eine gute Beziehung zu den Eltern, gute Freunde, finanzielle Mittel. Beispiele im gesellschaftlichen Kontext sind: Chancen auf Ausbildung oder Arbeit oder migrationspolitisch günstige Rahmenbedingungen.	Damit sind die individuellen, in der Grundausstattung gegebenen resp. in der Sozialisationsgeschichte erworbenen Ressourcen gemeint, dank derer sich ein Individuum erfolgreich entwickeln und Risiken und Belastungen bewältigen kann. Beispiele: gute Denkfähigkeit, einfaches Temperament, psychische Gesundheit, kulturelles Kapital wie Wissen und internalisierte Werte und Normen, Gefühl der Selbstwirksamkeit, Optimismus.
Externe Risikofaktoren	**Interne Risikofaktoren**
Dies sind Belastungen auf der Meso- und Makroebene sowie in der direkten Interaktion mit Menschen und Dingen, welche eine gesunde Entwicklung beeinträchtigen können. Beispiele: Tod eines nahe stehenden Menschen, psychische Erkrankung eines Elternteils, Scheidung der Eltern, Gewalt in der Familie oder unter Peers, kein eigenes Zimmer, eine lärmige Wohnung, Diskriminierung, Migration, Lehrstellenmangel.	Das sind jene Faktoren, die als persongebundene und situationsübergreifende Merkmale und Muster bedeutungsvoll sind: z. B. Traumatisierungen, unsichere Bindung, Behinderungen, chronische Krankheit, psychische Störungen (z. B. Angst, Depression, Verhaltensstörungen, dissoziale Störungen gem. ICD-10 oder DSM IV). Auch eine mangelhafte Ausstattung mit kulturellem Kapital (Bildung, Werte und Normen) gehören zu den persongebundenen Stressoren.

Schutz- und Risikofaktoren können biografisch oder aktuell sein. Sie können zeitlich begrenzt oder chronisch wirksam sein. Chronische Risikofaktoren bzw. Stressoren (interne oder externe) führen oft zu Schwierigkeiten in der Bewältigung von Alltagsaufgaben.

Jens: ein Beispiel für verschiedene Arten von Schutz- und Risikofaktoren

Jens' Mutter litt nach seiner Geburt an einer postpartalen Depression, die nach etwa sechs Monaten mit therapeutischer Unterstützung als geheilt beurteilt wurde. Der Vater kümmerte sich intensiv um ihn, und auch die Großmutter entwickelte sich zu einer wichtigen und stabilen Bezugsperson für Jens. Als Jens fünf Jahre alt war, starb die Großmutter, was für ihn einen großen Verlust bedeutete. Die Arbeitslosigkeit des Vaters und die geringe Belastbarkeit der Mutter führten zu einem von Konflikten überschatten Alltag – Jens zog sich immer mehr zurück. Dank seinen guten kognitiven Fähigkeiten und seinem einfachen Temperament gelang ihm die Integration in Kindergarten und Schule leicht. Die Scheidung der Eltern, als er acht Jahre alt war, machte ihm sehr zu schaffen. Er hat sich noch nicht gut damit arrangiert, dass er nun beim Vater lebt und über die Wochenenden zur Mutter geht.

In der nachfolgenden Abbildung ist das Zusammenspiel von Schutz- und Risikofaktoren für Jens (9 Jahre) abgebildet

Abbildung 2: Schutz- und Risikofaktoren im Lebenslauf

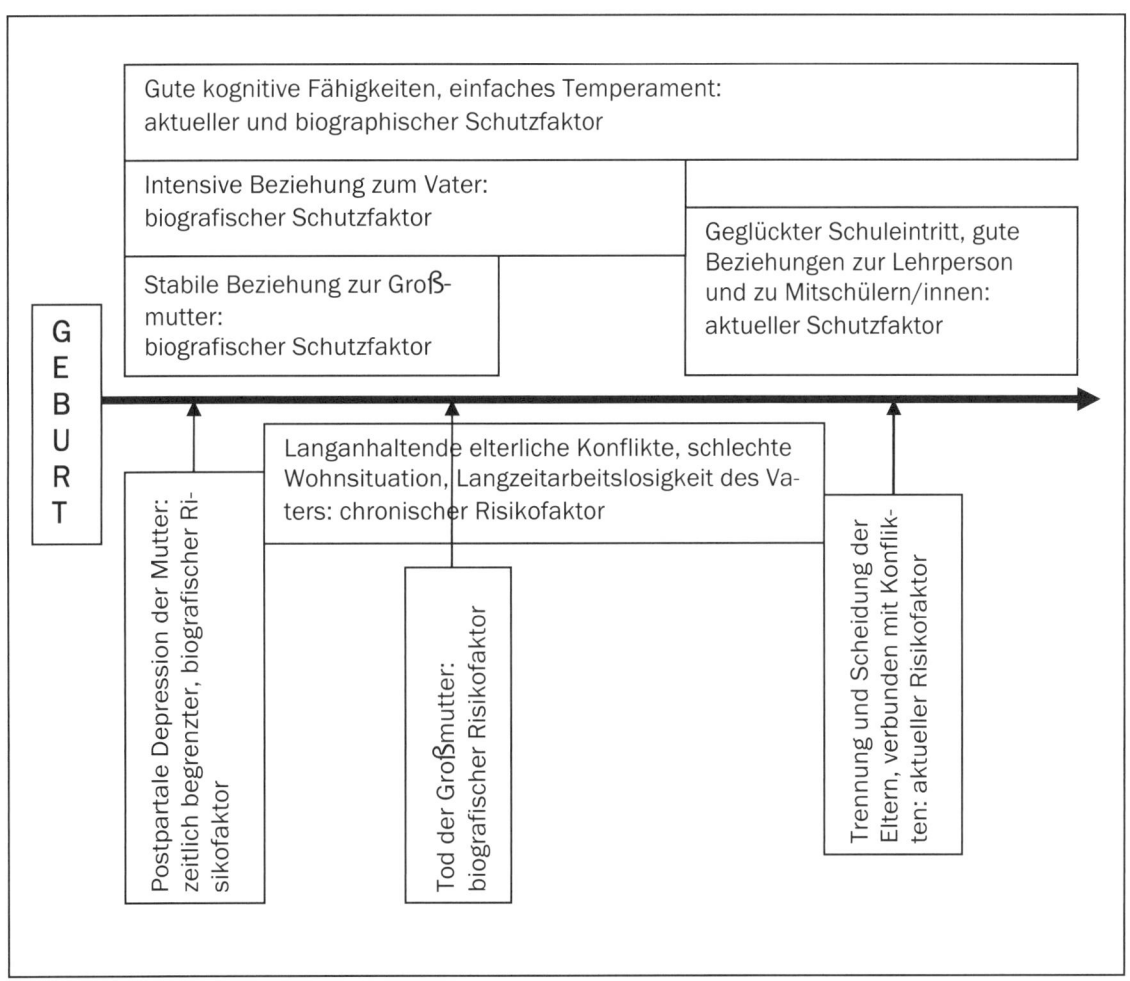

Das Zusammenwirken von Schutz- und Risikofaktoren im Entwicklungsverlauf ergibt das Maß an individueller Resilienz (Spannkraft, Widerstandfähigkeit, psychische Elastizität) oder Vulnerabilität (Verwundbarkeit, Anfälligkeit).

> *Resilienz bezeichnet die Fähigkeit, sich von den nachteiligen Folgen früherer Erfahrungen schnell zu erholen oder angesichts belastender Lebensumstände ohne offensichtliche psychische Schädigungen zu bestehen und Bewältigungskompetenzen zu entwickeln.*

Resilienz verhilft dem Individuum dazu, auch schwierigen Anforderungen seiner Umwelt und seiner Entwicklung gerecht zu werden. Resiliente Indiviuen verfügen damit über die Fähigkeit einer flexiblen biopsychosozialen Anpassung an widrige Lebensumstände oder Ereignisse. Resilienz wird als relativ stabiles Persönlichkeitsmerkmal bei Erwachsenen beschrieben (vgl. Buddeberg & Buddeberg, 1998, S. 168).

> *Vulnerabilität bezeichnet eine besondere Empfindlichkeit gegenüber spezifischen Stressoren bzw. Risikofaktoren.*

Diese Empfindlichkeit gegenüber Risikofaktoren kann einerseits aufgrund biologisch-genetischer Dispositionen (z. B. Behinderungen, schwieriges Temperament), andererseits aufgrund länger dauernder oder stark wirksamer psychosozialer Faktoren (z. B. unzureichende elterliche Fürsorge, Tod eines Elternteils) entstanden sein. Man geht davon aus, dass das Vorliegen einer Vulnerabilität zu einer Beeinträchtigung der Lebensbewältigung führen kann und das Risiko späterer psychischer Störungen erhöht.

Resilienz und Vulnerabilität spielen auch eine Rolle bei der Stressbewältigung (Coping). Ob belastende Umstände oder Ereignisse individuellen oder familiären Stress verursachen, hängt davon ab, wie diese erlebt und interpretiert werden. Stress ist demnach ein subjektives Empfinden: auch Phänomene, deren negativer Einfluss objektiv nicht groß zu sein braucht, können von den Betroffenen als stressreich oder bedrohlich erfahren werden. Umgekehrt gilt: von außen als sehr belastend eingeschätzte Bedingungen müssen nicht unbedingt von der davon betroffenen Person als solche erlebt werden. Eine Kumulation oder Chronifizierung Stress verursachender Ereignisse führt jedoch oft zu physischen oder psychischen Problemen.

Menschen mit belasteten Biografien, d.h. Biografien, in denen viele Risikofaktoren vorhanden waren bzw. sind und in denen ausgleichende Schutzfaktoren weitestgehend fehlen, haben ein größeres Risiko, Stressoren nicht angemessen zu bewältigen oder gar daran zu erkranken. Dies aus zwei Gründen: «Zum einen tendieren sie dazu, Anforderungen schneller und niederschwelliger als Bedrohung zu bewerten und zum anderen verfügen sie in der Regel nicht über ein so breites Repertoire von Abwehrmechanismen und Bewältigungsstrategien (...)» (Buddeberg & Laederach, 1998, S. 322).

3.1.2 Entwicklung als Interaktionsprozess zwischen Mensch und Umwelt

Gegenseitige Anpassung von Eltern und Kindern

Aktuelle Entwicklungstheorien sehen Entwicklung als Interaktionsprozess zwischen dem Individuum und seiner Umwelt. Der Mensch wird als Gestalter seiner Entwicklung oder - mit dem Begriff von Hurrelmann (2002) - als «produktiver Realitätsverarbeiter" betrachtet: er handelt ziel- und zukunftsorientiert und ist mit zunehmendem Alter immer mehr in der Lage, Entscheidungen über seinen weiteren Lebensverlauf zu treffen. Schon der Säugling wirkt mit seinem Verhalten ebenso aktiv auf seine Umwelt ein, wie er seinerseits von dieser (mit-)geprägt wird. So lernen Kinder nicht nur von ihren Eltern, sondern auch Eltern von ihren Kindern. Sie müssen sich auf das kindliche Temperament und gegebenenfalls auf Behinderungen oder Erkrankungen einstellen und dabei neue Fähigkeiten erwerben. Das Gleiche gilt für die Anforderungen und Themen der kindlichen Lebenswelt: Eltern müssen sich mit Aufgaben aus der Schule und der Freizeit ihrer Kinder sowie mit aktuellen Fragen und Trends z. B. in der Mode oder in der Technik auseinandersetzen (vgl. Oerter & Montada, 2002, S.39-41).

Unterschiedliche Temperamentskonstellationen

Man geht davon aus, dass ein Mensch nicht als «tabula rasa», d.h. als eigenschaftsloses Wesen, sondern als Wesen mit einer bestimmten Konstitution und einem spezifischen Verhaltensstil (Temperament) geboren wird. Es gilt als empirisch gut belegt, dass die Art des Temperaments von genetischen Faktoren abhängt. Langzeitstudien, welche auf Verhaltensbeobachtungen von Säuglingen und Befragungen deren Eltern zu verschiedenen Lebensabschnitten basieren, haben folgende drei Temperamentskonstellationen – mit einigen Mischformen – ergeben (vgl. Buddeberg & Buddeberg, 1998):

> *Einfache, flexible, ausgeglichene Kinder («easy going»)*
> Sie haben regelmäßige biologische Rhythmen, eine ausgeglichene Stimmungslage, sind anpassungsfähig und ausdauernd und lassen sich nicht leicht ablenken.

> *Ängstliche, vorsichtige, scheue Kinder («slow to warm up»)*
> Sie brauchen viel Zeit, ziehen sich schneller zurück und brauchen eine vertraute Umgebung, um sich sicher zu fühlen.

> *Komplizierte Kinder («difficult»)*
> Sie sind eher aktiv, sensorisch sensibel und wenig anpassungsfähig. Sie zeigen oftmals heftige emotionale Reaktionen und sind stimmungslabil und ablenkbar.

Das Temperament ist Bestandteil der bio-psychischen Ausstattung einer Person und entwickelt sich im Austausch mit Personen und Dingen zu einem individuellen Schutz- oder Risikofaktor weiter.

Das Konzept der Passung

Dieses Konzept geht davon aus, dass Entwicklungschancen und –risiken größtenteils davon abhängen, wie das Temperament eines bestimmten Kindes mit den Anforderungen und Bedingungen seiner Umwelt zusammenpasst. Verhaltens- oder Entwicklungsstörungen sind daher weder einseitig als Defizite eines Kindes noch als Fehler im Erziehungsverhalten der Eltern zu sehen. Es handelt sich vielmehr um eine Unvereinbarkeit zwischen kindlichem Verhaltensstil und den Anforderungen und Möglichkeiten seiner Umwelt. Die fehlende Passung bewirkt Stress, Überforderungs- und Ohnmachtsgefühle auf beiden Seiten, was schließlich zu einer Kette negativer Interaktionserfahrungen mit entsprechend negativen Konsequenzen führen kann (vgl. Oerter & Montada, 2002, S.83-84). Ein «schwieriges» Temperament kann unter bestimmten Umweltbedingungen ein Risikofaktor für die Entwicklung eines Kindes darstellen (vgl. Buddeberg & Buddeberg, 1998, S. 128-131).

> *Beispiel*
> *Ein Säugling, der sehr viel schreit, sehr unruhig oder behindert ist, verlangt von seinen Eltern mehr ab als ein gesunder Säugling, der einen regelmäßigen Schlaf-Wachrhythmus hat, gut trinkt und sich schnell beruhigen lässt. Eltern mit einem «schwierigen» Säugling laufen eher Gefahr, überfordert zu sein, was sich dann wiederum negativ auf ihr Interaktionsverhalten mit dem Säugling auswirken kann (z. B. Anspannung, Gereiztheit, Ungeduld).*

3.1.3 Entwicklungsaufgaben

Menschen haben im Verlaufe ihres Lebens verschiedene Lebensereignisse zu bewältigen, die normativ oder nicht normativ sein können. Normative Lebensereignisse sind vorhersehbare, erwartungsgemäße Ereignisse (z. B. Einschulung, Berufseintritt), nicht normative Lebensereignisse sind grundsätzlich nicht vorhersehbar (z. B. Krankheit, Arbeitslosigkeit, Krieg). Normative Lebensereignisse, mit welchen alle Menschen im Laufe ihrer Entwicklung konfrontiert sein werden, werden *Entwicklungsaufgaben* genannt (Jugert et al., 2006, Göppel, 2005, Fend, 2000). In Anlehnung an Oerter & Montada (2002, S 43-44) definieren wir Entwicklungsaufgaben folgendermaßen:

> *Eine Entwicklungsaufgabe ist eine Aufgabe, die sich einem Individuum in einem bestimmten Lebensabschnitt aufgrund biologischer Faktoren, gesellschaftlicher Erwartungen und/oder individueller Wünsche und Zielsetzungen stellt.*

Die Erwartungen und Anforderungen, welche sich in den einzelnen Entwicklungsaufgaben bündeln, resultieren somit aus drei Quellen (vgl. Havighurst, 1967):

> aus individuellen biologischen Veränderungen

> aus Erwartungen der relevanten Meso- und Makrosysteme

> aus individuellen Wünschen und Erwartungen des Individuums an seine eigene Entwicklung

> *Beispiel*
> *Jugendliche müssen sich aufgrund der biologischen Reifungsprozesse in der Pubertät mit großen körperlichen Veränderungen auseinandersetzen und eine eigene Geschlechtsidentität entwickeln. In diese Zeit fällt auch die gesellschaftliche Erwartung und jene der Eltern, dass der/die Jugendliche eine Berufsausbildung absolviert und finanziell unabhängig wird. Wichtig dabei sind aber auch die individuellen Ziele und Wünsche der Jugendlichen selbst (welche Art der Ausbildung, von zu Hause ausziehen, eine Freundin/einen Freund haben).*

Das Konzept der Entwicklungsaufgaben orientiert sich an einigen Grundannahmen (vgl. Zimmermann, 2000), die nachfolgend kurz erläutert werden.

Zeitliche Dimension

Entwicklungsaufgaben haben eine zeitliche Dimension. Das heißt, dass es innerhalb des Lebenslaufs bestimmte Zeiträume gibt, die für die Bewältigung bestimmter Entwicklungsaufgaben vorgesehen sind. Obwohl die Entwicklungsaufgaben grundsätzlich bestimmten Lebensabschnitten zugeordnet sind, bedeutet dies nicht, dass bestimmte Entwicklungsaufgaben nicht auch zu einem späteren Zeitpunkt im Leben bearbeitet werden können. Dies erfordert jedoch oft einen größeren Aufwand (z. B. Berufsausbildung im Erwachsenenalter). Zudem gibt es Entwicklungsaufgaben, welche innerhalb eines Lebensabschnitts zeitlich abgeschlossen werden (z. B. Schuleintritt, Pensionierung) und solche, die sich über mehrere Lebensabschnitte erstrecken (z. B. Kontakte zu Gleichaltrigen/Aufbau eines Beziehungsnetzes).

Verpflichtungsgrad

Nicht alle Entwicklungsaufgaben müssen mit dem gleichen Verpflichtungsgrad bewältigt werden. Gewisse Entwicklungsaufgaben sind für eine gelungene Sozialisation obligatorisch zu bewältigen (z. B. Schulfähigkeit, Berufsausbildung), während andere eher als Möglichkeit oder Chance aufgefasst werden können (z. B. Familiengründung). Im Speziellen ist die (normative) Erwartung, dass die Entwicklungsaufgaben der Kindheit und Jugend bewältigt werden, relativ hoch, da sonst eine nachhaltige Beeinträchtigung des Sozialisationsprozesses droht (speziell die unabhängige Existenzsicherung und die Integration in die Arbeitswelt).

Erwerb von Fähigkeiten

Die erfolgreiche Bewältigung einer Entwicklungsaufgabe führt zum Erwerb von Fähigkeiten zur Bewältigung weiterer Entwicklungsaufgaben und zum Gefühl der Selbstwirksamkeit. Ein Scheitern bei der Bewältigung von Entwicklungsaufgaben kann zu negativen Sanktionen der Umgebung/der Gesellschaft und zu Schwierigkeiten bei der Bewältigung künftiger Entwicklungsaufgaben bzw. zu einer erhöhten Vulnerabilität führen und damit einen Risikofaktor für die weitere Entwicklung darstellen. Gründe für ein Scheitern können einerseits in der personalen Ausstattung liegen (Ergebnis individueller biopsychischer Ausstattung und vorangegangener Lern- und

Entwicklungserfahrungen), andererseits sind sie aber auch in den Lebensbedingungen und -chancen begründet.

Entwicklungsaufgaben von Familien resp. Eltern
Nicht nur Einzelpersonen, auch Systeme, wie z. B. Familien/Eltern sind vor Entwicklungsaufgaben gestellt. Wir definieren diese in Anlehnung an Duvall und Miller (1985, S. 60) wie folgt:

> *Entwicklungsaufgaben von Eltern sind erwartbare Anforderungen und Aufgaben, die Eltern in einer konkreten Phase des Familienzyklus meistern müssen, um die biologischen Bedürfnisse der Familienmitglieder zu befriedigen, den gesellschaftlichen Erwartungen gerecht zu werden und die Zielsetzungen und Wünsche der Familienmitglieder zu erfüllen.*

Der Wechsel von einer Phase des Familienzyklus in die nächste erfolgt durch bio-physische, psychische und verhaltensmäßige Veränderungen eines oder mehrerer Familienmitglieder, die Entstehung oder Auflösung von Subsystemen (z. B. des Geschwistersubsystems durch Geburt eines zweiten Kindes) und durch außerfamiliale Einflüsse (z. B. Einschulung oder Pensionierung). Vielfach werden diese Übergänge als Krisen erlebt, da das Familiensystem aus dem Gleichgewicht gerät und größere Veränderungen notwendig werden. So müssen neue Rollen und Aufgaben übernommen und alte modifiziert, andere Funktionen erfüllt und erstmalig auftretende Bedürfnisse befriedigt werden. Auch sind Beziehungsdefinitionen, Interaktionsmuster, Regeln, Arbeitsteilung und Freizeitverhalten zu ändern. Zu belasteten Entwicklungen kann es kommen, wenn Familienmitglieder die Übergänge von einer Phase in die nächste nicht meistern oder an phasenspezifischen Aufgaben scheitern resp. wenn Morphostase (Stabilität) und Morphogenese (Veränderung) des Familiensystems nicht angemessen ausgeformt sind.

Entwicklungsaufgaben im Wandel
Die Entwicklungsaufgaben für Kinder, Jugendliche und Eltern wurden von verschiedenen Autorinnen und Autoren ausformuliert und unterscheiden sich in den Details nur unwesentlich (vgl. Cassée, 2007, S. 282–299). Im Verlaufe der Zeit haben sich gewisse Verschiebungen in den Zuordnungen zu den einzelnen Altersphasen ergeben. So sind gewisse Aufgaben des Jugendalters heute bereits für ältere Schulkinder bedeutsam (z. B. Umgang mit Konsumangeboten und Freizeit), und Aufgaben des Schulalters werden für Kinder im Vorschulalter immer wichtiger (Anforderungen aus anderen Systemen). Die von uns aktualisierten Entwicklungsaufgaben für Kinder, Jugendliche und Eltern finden sich unter www.kompetenzorientierung.ch.

3.1.4 Bedeutung entwicklungspsychologischer Konzepte in KOFA

Für die kompetenzorientierte Arbeit mit Familien bildet die Entwicklungspsychologie eine zentrale Referenztheorie. Gerade der Einbezug aktueller entwicklungspsychologischer Konzepte unterscheidet KOFA von anderen Familieninterventionen.

Die Indikation für eine Familienintervention ist sehr häufig die mangelnde Passung zwischen Eltern und Kind, die in der Folge zu Überforderungssituationen bis hin zu Gewaltanwendung führen können. Familienmitarbeitende treffen auf verzögerte Entwicklungsverläufe bei Kindern (z. B. infolge Überbehütung und Ängstlichkeit der Eltern auf Grund von ungenügendem Wissen über die kindliche Entwicklung) genauso wie auf beschleunigte Entwicklungsprozesse und kindliche Überforderung z. B. beim Fehlen der Mutter wegen Krankheit oder Tod. Auch ungleichgewichtige Entwicklungsprofile sind häufig anzutreffen und können Probleme verursachen. Die KOFA-Instrumente erfassen deshalb den Stand der Entwicklung der Familienmitglieder jeweils entlang der Entwicklungsaufgaben der entsprechenden Altersphase. Diese so genannten Kompetenzprofile zeigen, wie gut die anstehenden Entwicklungsaufgaben bewältigt werden können.

Familienarbeitende sehen sich mit Familien konfrontiert, in denen die elterlich-familiären Entwicklungsaufgaben nicht phasengerecht bewältigt werden können. In der Folge ist auch die Bewältigung der Entwicklungsaufgaben der Heranwachsenden in diesem Familiensystem erschwert. Das heißt: nicht bewältigte Entwicklungsaufgaben der Eltern werden zu Risikofaktoren für die Entwicklung der Kinder und Jugendlichen. Aber auch das Umgekehrte gilt: Schwierigkeiten der Kinder und Jugendlichen können zu Risikofaktoren für die Bewältigung der Entwicklungsaufgaben der Eltern werden. Nicht bewältigte Entwicklungsaufgaben aus einer Phase – seien dies die Entwicklungsaufgaben der Kinder oder jene des Familiensystems – erschweren die Bewältigung der Entwicklungsaufgaben in der darauf folgenden Phase.

In den KOFA-Instrumenten werden entwicklungspsychologische Konzepte systematisch in Form von Beobachtungsbögen und Erfassungsrastern für die Arbeit mit Familien umgesetzt. Zur Ausstattung der KOFA-Mitarbeitenden gehört demzufolge fundiertes entwicklungspsychologisches Wissen.

3.2 Lerntheorie

Die Kompetenzorientierung basiert im Weiteren auf lerntheoretischen Ansätzen. Auf andere Erklärungsansätze für menschliches Denken, Fühlen und Handeln (z. B. tiefenpsychologische Konzepte) gehen wir nicht näher ein. Sie sind selbstverständlich bedeutsam für Verstehen und Veränderung menschlichen Verhaltens, gehören aber primär in ein therapeutisches Setting, das bei gegebener Indikation als Ergänzung zur KOFA-Intervention genutzt werden kann.

Gemeinsam an vielen Formen von Kompetenzmängeln ist, dass Lernchancen aus unterschiedlichen Gründen fehlten resp. nicht genutzt werden konnten. Interventionen zielen dementsprechend darauf ab, Lernprozesse zu stimulieren, die zu neuen, kompetenteren Verhaltensvarianten führen. Eine wichtige Frage ist deshalb: Wie lernen Menschen ein bestimmtes Verhalten und warum halten sie an einem Verhalten fest, obwohl es – vordergründig – zu erheblichen Schwierigkeiten führt? Die Lerntheorie gibt Antworten darauf. Es sind dies vor allem Erkenntnisse aus der operanten Lerntheorie, der sozialen Lerntheorie, der kognitiven Lerntheorie (vgl.

Bandura, 1976, 1978, Bodenmann et al. 2004) und der Selbstbestimmungstheorie (Deci & Ryan, 1993).

Neuere Lerntheorien stützen sich auf neurobiologische Grundlagen, die Hinweise geben, wie durch die Verstärkung synaptischer Verbindungen zwischen Neuronen neue Verhaltensmodi erlernt werden können. Storch (2002, S. 284) ergänzt dazu: Wenn die synaptische Verbindung zwischen Nervenzellen durch häufige Benutzung verstärkt wird, spricht man in den Neurowissenschaften von «Bahnung». Die neuronale Grundlage für Lernprozesse besteht demnach in der Bahnung von synaptischen Verbindungen, die durch häufige Benutzung zustande kommen. Solche Bahnungen erfolgen am tiefsten und am nachhaltigsten während der Phase der Hirnentwicklung – weshalb Kinder und Jugendliche rasch und viel lernen können (Hüther, 2001, S. 23).

Begriffsklärung

Unter *Verhalten* wird all das verstanden, was eine Person tut, sowie das, was als Reaktion des Organismus gegen außen sichtbar wird. Unter Verhalten fallen also das beobachtbare motorische Verhalten sowie körperliche Prozesse, wie die Erhöhung des Herzschlags oder Erröten. Verhalten wird gelernt. Das Lernen geschieht meistens nicht bewusst.
Lernen kann als bio-psycho-soziale Neuorganisation verstanden werden, die sich vor allem in der Auseinandersetzung des Individuums mit bedeutsamen Entwicklungsaufgaben und -übergängen zeigt. Hierin unterscheidet sich der lerntheoretische Ausdruck «lernen» vom alltäglichen Sprachgebrauch.

Während in klassischen lerntheoretischen Konzepten nur das Verhalten als solches von Bedeutung war, werden in neueren Ansätzen auch innerpsychischen Prozessen Beachtung geschenkt, die nicht beobachtbar sind: Gefühlen und Gedanken, welche das Verhalten steuern (vgl. Ellis, 2004).

Quellenverweis

Der nachfolgenden Kapitel 3.2.1 – 3.2.4 fassen hilfreiche Elemente der Lerntheorie zusammen und lehnen sich an die Ausführungen von Slot & Spanjaard (2003, S. 53 – 57) an. Konkretisierungen und Beispiele entstammen dem Handbuch für Familienmitarbeiter Spanjaard & Haspels (2005) und wurden von uns angepasst und ergänzt.

3.2.1 Die operante Lerntheorie

Die operante Lerntheorie geht davon aus, dass Verhalten unter dem Einfluss der Umgebung gelernt wird. Wird in einer bestimmten Umgebung Verhalten andauernd oder regelmäßig belohnt, so wird die betroffene Person dieses Verhalten immer öfter zeigen. Umgekehrt gilt, dass eine Person in einer bestimmten Umgebung jenes Verhalten nicht mehr (resp. weniger) zeigt, welches meistens eine unangenehme Konsequenz nach sich zieht. Die Person passt sich so an ihre Umgebung an, dass sie eine optimale Belohnung erhält und so wenig wie möglich auf unangenehme Folgen stößt (vgl. Friedman & Schustack, 2004, S.256-276).

Die operante Lerntheorie wird im so genannten **S-R-C**-Schema wiedergegeben:

S steht für Situation oder Stimulus
Damit wird die Umgebung (ausgestattet mit Menschen und Dingen) angedeutet, in der das Verhalten stattfindet oder ein Ereignis, das dem Verhalten vorangeht. Meistens gehen dem Verhalten mehrere Stimuli voran.

R (engl.) response = Antwort
Hiermit ist das konkrete Verhalten der Fokusperson in der Situation gemeint, das auf den Stimulus folgt.

C (engl.) consequence = die Konsequenz
Es umfasst alles, was auf das Verhalten folgt.

Zur Illustration ein Beispiel, bei dem die Lernerfahrung eines Kindes in einer konkreten Situation im Zentrum steht (Fokusperson=Hakan)

Beispiel

S = *Stimulus*
Mutter sagt: «Hakan, stell den Fernseher ab, wir essen jetzt!»

R = *Response (Verhalten der Fokusperson)*
Hakan fängt an zu schreien und zu schimpfen. Er ruft der Mutter zu, dass er beim Fernsehen essen will.

C = *Konsequenz*
Mutter gibt nach und sagt: «Okay, dieses Mal.»

Hakan lernt hier, dass er durch Schreien und Schimpfen sein Ziel erreichen kann. Wird diese synaptische Verbindung durch häufige Wiederholung verstärkt, kann die Folge auf lange Sicht sein, dass Hakan immer mehr schreit und schimpft und die Mutter nicht beachtet, wenn sie sagt, dass etwas gemacht werden soll.

Dieses Beispiel beschreibt eine einzelne SRC-Reihe. In Wirklichkeit folgen stets mehrere SRC-Reihen aufeinander: Das Verhalten oder die Konsequenz einer SRC-Reihe ist ein Stimulus für eine neue SRC-Reihe. Auf diese Weise werden SRC-Ketten gebildet.

Im folgenden Beispiel wird illustriert, wie die Reaktion von Hakan das Verhalten der Mutter lenkt (Mutter als Fokusperson).

Beispiel

S = *Stimulus*
Hakan schreit und schimpft, dass er fernsehen will.

R = *Response*
Mutter gibt nach und sagt: «Okay, dieses Mal.»

C = *Konsequenz*
Hakan hört auf zu schreien; das Essen verläuft ruhig, allerdings vor dem Fernsehapparat.

In dieser SRC-Reihe verfestigt die Reaktion von Hakan, nämlich Aufhören mit Schreien und Schimpfen (C), die inadäquate Reaktion der Mutter (R). Die langfristigen Folgen können sein, dass die Mutter öfter nachgibt, wenn Hakan wütend ist, weil sie damit eine ruhige Situation herstellen kann (synaptische Verstärkung und Bahnung).

Verstärken und Abschwächen von Verhalten

«Verstärken» bedeutet: etwas, das als angenehm oder stimulierend erfahren wird, auf ein Verhalten folgen zu lassen, wodurch dieses Verhalten an Häufigkeit, Intensität oder Dauer zunimmt. «Verstärken» kann etwas Positives bedeuten, zum Beispiel ein Kompliment, eine Süßigkeit, ein Schulterklopfen. Ein Verstärker kann jedoch auch das Wegnehmen von etwas Unangenehmem sein. «Nicht in die Schule müssen» kann in diesem Sinne als Verstärker wirken.

«Abschwächen» beinhaltet: etwas, das als unangenehm, unfreundlich oder schädlich erfahren wird, auf ein Verhalten folgen zu lassen, wodurch dieses Verhalten an Häufigkeit, Intensität oder Dauer abnimmt. Meistens bedeutet Abschwächen das Zufügen von etwas Unangenehmem, wie Missbilligung oder Strafen (z. B. Schimpfen, zusätzliche Aufgaben, Nachsitzen in der Schule). Aber auch das Vorenthalten oder Beenden von etwas Angenehmem, womit der/die Betreffende gerechnet hat, ist eine Form von Abschwächen (z. B. das Taschengeld streichen oder den Fernseher ausschalten, nicht nach draußen gehen dürfen).

Tabelle 3: Verstärken und Abschwächen von Verhalten

	zufügen	wegnehmen
angenehme Dinge	1 verstärken	2 abschwächen
unangenehme Dinge	3 abschwächen	4 verstärken

Aus diesem Schema wird deutlich, dass das, was gewöhnlich unter «Belohnen» verstanden wird, nur mit Feld 1 übereinstimmt, lerntheoretisch aber auch mit Feld 4. «Strafen» gehört umgangssprachlich zu Feld 3, während lerntheoretisch auch Feld 2 geeignet ist, Verhalten abzuschwächen. Was in einer Situation bei einer bestimmten Person als Verstärkung oder Abschwächung von Verhalten wirkt, kann unterschiedlich sein. So kann u. U. ein Lob als peinlich empfunden werden (Feld 3) und das gezeigte Verhalten in der Folge eher abschwächen, während es bei einer anderen Person als angenehm (Feld 1) erlebt wird und das Verhalten somit eher festigt.

> *Beispiel*
> *Am Mittagstisch ist die Mutter vor allem mit dem zweijährigen Fabian beschäftigt, während die fünfjährige Julia mehr oder weniger selbständig essen soll. Nach einer Weile beginnt Julia, mit dem Essen herumzuspielen und wird von der Mutter ermahnt. Sie macht aber weiter, bis der Mutter der Kragen platzt und sie Julia in ihr Zimmer schickt. Julia lernt, dass sie von der Mutter Aufmerksamkeit bekommt, wenn sie sich störend verhält. Für Julia wirkt die «Bestrafung» der Mutter als Verstärker, weil sie die Aufmerksamkeit der Mutter als «angenehm» erlebt und in ihrem Zimmer spielen kann.*

Günstige und ungünstige Situationen

Außer dem Unterschied in den Konsequenzen (Verstärken und Abschwächen) kann auch ein Unterschied zwischen günstigen und ungünstigen Situationen (= S) gemacht werden. Die Chance, erwünschtes Verhalten zu verstärken, erhöht sich, wenn das Verhalten in einer dafür günstigen Situation passiert. Um zu bestimmen, welche Situation für ein bestimmtes Verhalten günstig ist, muss geklärt werden, welcher Zusammenhang zwischen der Situation und dem erwünschten Verhalten besteht.

Eine ungünstige Situation bedeutet, dass ein erwünschtes Verhalten (Response) abgeschwächt und eine anderes, unerwünschtes womöglich verstärkt wird.

> *Beispiel*
> *Eine ruhige Situation am Mittagstisch ist günstig für das Erlernen kommunikativer Fähigkeiten. Die Chance, gehört zu werden, erhöht sich, und es werden sprachliche Ausdrucksweisen stimuliert. Ein lautes Durcheinander am Mittagstisch ist dementsprechend ungünstig – es macht verbale Äußerungen in angenehmer Lautstärke vergleichsweise wenig erfolgreich und verleitet zu lautem Schreien und zu nonverbalen Verhaltensweisen wie z. B. Boxen und Treten.*

Kontingenz

Lernen (d.h. der Erwerb neuer Verhaltensmöglichkeiten) ist erfolgreicher, wenn Reaktionen auf gezeigtes Verhalten kontingent erfolgen, d.h. in unmittelbarer zeitlicher und räumlicher Nähe zum gezeigten Verhalten. Es gilt, sowohl die Kontingenz **S - R** als auch jene zwischen **R - C** zu beachten und für Lernprozesse zu nutzen.

> *Beispiel*
> *Die Mutter lobt Hakan sofort, nachdem er auf ihre Bitte den Fernseher ausgeschaltet hat und zu Tisch kommt. Sie sagt ihm zudem, dass es für sie wichtig ist, gemeinsam und in Ruhe essen zu können. Dadurch erhöht sie die Chance, dass Hakan beim nächsten Mal, wenn sie ihn ruft, sofort der Aufforderung nachkommen wird.*

3.2.2 Die soziale Lerntheorie

Ausgangspunkt der sozialen Lerntheorie ist, dass Verhalten auf der Basis von Modellen aus der Umgebung der Person erlernt wird (vgl. Bandura, 1976, Friedman & Schustack, 2004, S. 310-316). So übernehmen Kinder das Verhalten ihrer Eltern, die für sehr viele Verhaltensweisen Modell stehen, manchmal bewusst, oft aber auch unbewusst. Kinder ahmen auch das Verhalten anderer Personen in ihrer Umgebung nach. Jemand, der attraktiv erscheint oder bewundert wird, wird eher nachgeahmt als jemand, der als unattraktiv beurteilt wird. Eine Person, mit der sich jemand verwandt fühlt oder die ihm nahe steht, wird häufig zum Modell. Das kann bedeuten, dass gerade bei Jugendlichen die Gleichaltrigen als Modelle bedeutsamer werden und zugleich der Einfluss von Eltern oder professionellen Erziehern abnimmt.

Professionelle benutzen Prinzipien der sozialen Lerntheorie, indem sie Modelle für das gewünschte Verhalten bewusst nutzen. Auch die Professionellen selbst haben immer eine Modellfunktion dadurch, dass sie Verhalten im konkreten Alltag zeigen.

> *Beispiel*
> *Die Familienarbeiterin nimmt mit der Familie Niessen das Mittagessen ein. Die beiden Kinder, der zweijährige Fabian und die fünfjährige Julia, quengeln. Die Mutter beschäftigt sich vor allem mit Fabian, und Julia fängt an, mit dem Essen zu spielen. Die Familienarbeiterin zeigt Julia, wie sie ihr Gemüse mit dem Messer etwas zuschneiden kann. Julia probiert es aus, und als es gut gelingt, ist Julia ganz stolz. Die Mutter bemerkt die gelöste Stimmung und sagt, dass sie ein nächstes Mal auch konkrete Dinge mit Julia üben will. Die Familienarbeiterin ist in dieser Situation Modell für die Mutter und für Julia.*

3.2.3 Die kognitive Lerntheorie

Neben dem SRC-Modell, wie es oben dargestellt wurde, gibt es das erweiterte E(GG)VF-Modell, in dem die Gedanken und Gefühle, die das Verhalten steuern, explizit eingebaut sind, während sie im anderen Modell implizit bleiben. Diese erweiterte Lerntheorie wird als kognitive Lerntheorie bezeichnet (vgl. Bandura, 1978). Das nachfolgende Schema verdeutlicht die beiden Modelle.

Tabelle 4: Verschiedene lerntheoretische Modelle

	SRC-Modell	E(GG)VF-Modell
vorausgegangene(s) Situation/Ereignis	Stimulus	Ereignis
Verhalten der Fokusperson	Response	(Gedanken/Gefühle) Verhalten
Konsequenz oder Folge	Consequence	Folge

Zum E(GG)VF-Modell

In einer konkreten Situation entstehen bei den beteiligten Personen bestimmte Gedanken und Gefühle. Diese beeinflussen, was die Personen anschließend tun. Gefühle und Verhalten werden aber in der Regel nicht direkt durch ein Ereignis resp. eine Situation ausgelöst, sondern es sind vielmehr die Interpretationen der eingehenden Informationsreize resp. die Gedanken (Roth, 1996, S. 108), die Gefühle hervorrufen und zu einem bestimmten Verhalten führen. Das gleiche Ereignis kann bei verschiedenen Personen sehr unterschiedliche Gedanken und Gefühle hervorrufen, weil Gedanken durch so genannte *Kernüberzeugungen* beeinflusst werden. Kernüberzeugungen sind in der Sozialisationsgeschichte entstanden und beziehen sich sowohl auf die eigene Person als auch auf andere Menschen und auf die Welt. Kernüberzeugungen werden gebildet und aufrechterhalten durch die Ausgestaltung der Ich-Funktionen und des Über-Ichs (siehe auch Cassée, 2007, S. 53-55).

> *Beispiel*
> *Schülerin A hat eine schlechte Note erhalten. Sie ist sonst meistens eine gute Schülerin und traut sich einiges zu. Sie denkt sich, dass sie in diesem Fall zu wenig gelernt hat und wird sich beim nächsten Mal besser vorbereiten, in der Überzeugung, dann auch eine bessere Note zu erhalten.*
>
> *Auch Schülerin B hat eine schlechte Note erhalten. Sie hat schon seit längerem Leistungsprobleme in der Schule hat und denkt: «Ich hab's schon immer gewusst; bin einfach zu dumm und werde diesen Stoff nie verstehen». Anstatt sich mehr anzustrengen, wird sie beim nächsten Mal noch weniger lernen, weil es ihrer Überzeugung nach sowieso nichts nützt.*

Kinder und Jugendliche mit problematischem Verhalten und/oder psychischen Problemen sowie häufig auch deren Eltern verfügen über defizitäre Ich-Funktionen (z. B. verzerrte Wahrnehmung, Probleme in der affektiv-kognitiven Verarbeitung von Informationen und/oder Schwierigkeiten in der Impulskontrolle, fehlende Schuldgefühle, zu starres Normenkorsett, problematische Werthaltungen) und sie haben eine Reihe negativ geprägter Kernüberzeugungen entwickelt (z. B. niemand hat mich gerne, alle sind gegen mich, ich bin unfähig, du kannst niemandem trauen, entweder er oder ich, ich muss alles alleine machen), was in konkreten Situationen für Außenstehende häufig zu nicht nachvollziehbaren Verhaltensweisen führt.

Abbildung 3: Der Zusammenhang zwischen Ereignissen, Gedanken, Gefühlen und Verhalten

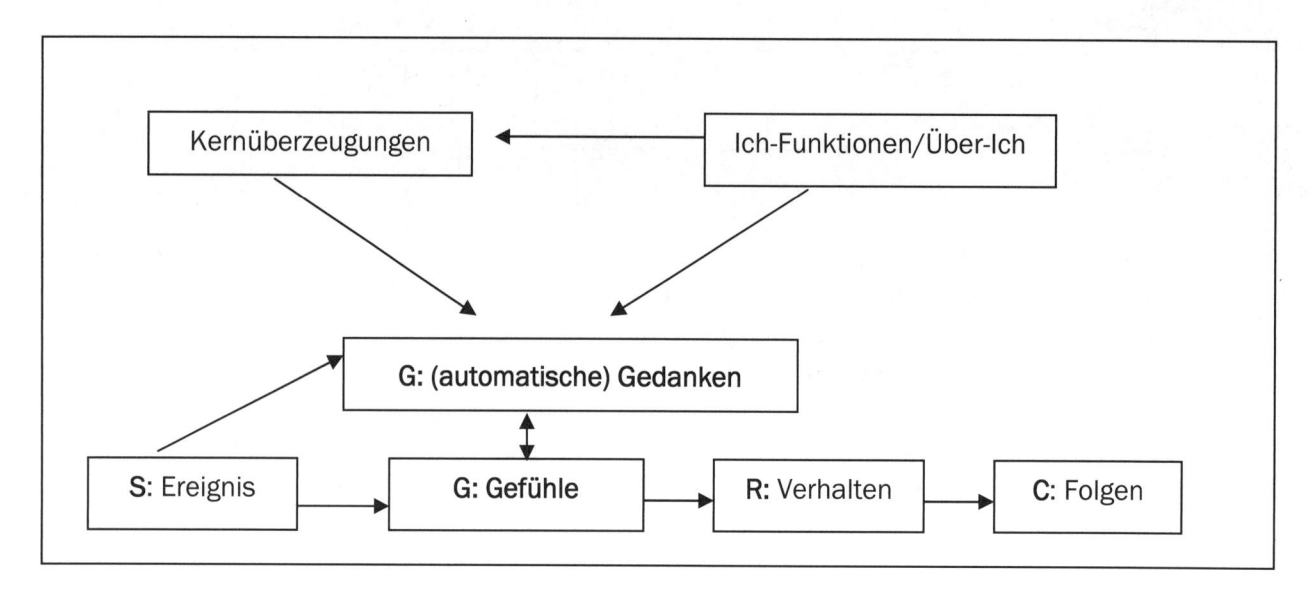

```
    ┌──────────────────┐              ┌──────────────────────┐
    │ Kernüberzeugungen│ ◄──────────  │ Ich-Funktionen/Über-Ich│
    └──────────────────┘              └──────────────────────┘
             │                                    │
             ▼                                    ▼
          ┌────────────────────────────┐
          │ G: (automatische) Gedanken │
          └────────────────────────────┘
             ▲                     ▲
             │                     │
   ┌──────────────┐   ┌─────────────┐   ┌──────────────┐   ┌────────────┐
   │ S: Ereignis  │──►│ G: Gefühle  │──►│ R: Verhalten │──►│ C: Folgen  │
   └──────────────┘   └─────────────┘   └──────────────┘   └────────────┘
```

3.2.4 Die Selbstbestimmungstheorie

Die Selbstbestimmungstheorie (Deci & Ryan, 1993) respektive Modelle des Selbstmanagements (Storch & Krause, 2002, Storch & Riedener, 2005) gehen davon aus, dass eine Person Einfluss auf ihr eigenes Verhalten hat, indem sie sich selbst Verstärker oder Abschwächer gibt. Das können materielle Verstärker oder Abschwächer sein, aber meistens haben sie die Form einer «inneren Rede» (etwas, das jemand zu sich selbst sagt) oder von inneren Bildern (mentale Prozesse).

> *Beispiel*
> *Wenn eine Mutter das quengelige Verhalten ihres Kindes zu negieren versucht und jedes Mal, wenn sie doch reagiert, denkt: «Das gelingt mir nie, ich bin viel zu impulsiv», wirkt dieser Gedanke als Abschwächer ihres Versuchs, das quengelnde Verhalten konsequent zu negieren. Wenn die Mutter stattdessen zu sich selbst sagt: «Ich habe das zwar nicht so gut gemacht, aber ich negiere die Quengelei schon viel öfter als am Anfang», dann besteht eine große Chance, dass ihr Versuch, das quengelnde Verhalten zu negieren, verstärkt wird.*

In ihrem Selbstmanagementmodell unterscheiden Spanjaard & Haspels (2005, S. 31) drei Stadien, die wir hier (in Anlehnung an die Dimensionen der Selbstkompetenz, vgl. Cassée, 2007, S. 33-36) auf vier erweitert haben:

1. *Selbständigkeit/Selbstkontrolle*
   Selbstmanagement beginnt mit der Formulierung einiger Ziele (evt. mit Hilfe von einer Fachperson) und dem Suchen nach eigenen Lösungswegen.

   > *Beispiel*
   > *Es gelingt Frau Niessen, der Mutter von Fabian und Julia, ihre Vorstellungen für eine entspannte Tischsituation zu konkretisieren und Vorstellungen zu entwickeln, wie sie dieser näher kommen kann. Sie will sich vermehrt mit Julia beschäftigen und sie in ihrer Selbständigkeit unterstützen.*

2. *Selbstbeobachtung*
   Hier geht es um das Beobachten eigener Gedanken, eigener Gefühle und Verhaltensweisen. Es kann sehr hilfreich sein, die Selbstbeobachtung durch Tagebücher, Portfolioarbeit, Gespräche etc. zu unterstützen.

   > *Beispiel*
   > *Die Mutter schreibt jeweils nach dem Essen auf farbige Papierstreifen, was sie während des Essens in bestimmten Situationen getan (gelb), gedacht (blau) und gefühlt (grün) hat.*

3. *Selbsteinschätzung/Selbstbewertung*
   In diesem Schritt wird das eigene Verhalten verglichen mit dem Ziel, das sich die Person selbst gesetzt hat.

   > *Beispiel*
   > *Aus den gelben Zetteln der ersten Woche ersieht Frau Niessen, dass sie sich immer noch sehr häufig mit Fabian befasst hat, aber dass es mehrere gute Situationen mit Julia gab. Ihre Gedanken (blaue Zettel) kreisten stark um die Frage, was sie jetzt machen solle und dass Julia störe. Die grünen Zettel zeigten viele gute Gefühle – sie war stolz, aber auch häufig etwas ungeduldig.*

4. *Selbstlernen/Selbstverantwortung/Selbststeuerung:*
   Das letzte Stadium ist der eigentliche lerntheoretische Schritt: Menschen können ihr Verhalten selbst verstärken oder abschwächen. Wenn sich bei der Selbsteinschätzung zeigt, dass das Verhalten zu den selbst gesetzten Zielen geführt hat oder diese sogar übertrifft, bekommt die handelnde Person ein gutes Gefühl. Wenn das Verhalten nicht zu den angestrebten Zielen führt, entstehen leicht ungute Gefühle oder selbst entwertende Gedanken: das zielbezogene Verhalten wird abgeschwächt, wenn die Person nicht in der Lage ist, Selbstverantwortung zu übernehmen und sich mit dem Misserfolg auseinanderzusetzen.

> *Beispiel*
> *Frau Niessen ist durch die Erfahrungen der ersten Woche positiv überrascht (Verstärkung). Sie beschließt, an den Zielen festzuhalten und sich selbst mit Hilfe der farbigen Zettelchen zu beobachten. Mit Hilfe der Familienarbeiterin bestimmt sie für sich selbst eine «Belohnung» (ohne Kinder zum Kaffee mit einer Freundin gehen), wenn sie in der nächsten Woche weitere Schritte in die gewünschte Richtung macht.*

3.2.5 Bedeutung der Lerntheorien für KOFA

KOFA will Lernprozesse in Familien anregen und Familienmitglieder beim Erwerb von Fähigkeiten unterstützen. KOFA-Mitarbeitende brauchen demzufolge lerntheoretisches Wissen, um Alltagssettings auf ihre Lernwirksamkeit hin zu analysieren. Auch greifen sie auf lerntheoretische Konzepte zurück, um Situationen bewusst im Hinblick auf Lernen und Veränderungen zu gestalten. Eine Reihe von KOFA-Instrumenten setzt lerntheoretische Elemente zur Unterstützung dieser Prozesse um (für die Interaktionsanalyse oder für die Arbeit an störenden Gedanken, für das Modell-Lernen sowie für das Erlernen von Fähigkeiten etc.).

3.3 Systemtheorie

Die Kompetenzorientierung impliziert ein systemisches Denken, das die individualistische Perspektive überwindet und die Wechselwirkung zwischen Personen – die Interaktionen – ins Zentrum stellt. Diese Perspektive achtet auf Struktur und Dynamik in Systemen und stellt die Interdependenz von Verhalten im Zentrum. Das Kompetenzmodell berücksichtigt diese systemische Perspektive konsequent bei der Erfassung von Ressourcen und Risiken, aber auch in der Interventionsgestaltung. KOFA-Mitarbeitende sind aufmerksam dafür, dass Veränderungen zum Beispiel bei einem Kind unweigerlich zu Anpassungen bei den Eltern und den übrigen Geschwistern führen (zirkuläres statt lineares Prinzip) und umgekehrt.

> *Lineares Denken*
> *Weil die Eltern sich häufig streiten, gibt es bei den Kindern Probleme.*
>
> *Zirkuläres Denken*
> *Je mehr die Eltern sich streiten, desto mehr reagieren die Kinder mit Problemen, und je mehr die Kinder Probleme machen, desto mehr streiten sich die Eltern.*

Die gegenseitigen Anpassungsreaktionen können hilfreich und erwünscht, aber auch blockierend und verhindernd sein. Wenn ein Jugendlicher lernt, seine Entwicklungsaufgabe «Ablösung von den Eltern» ernster zu nehmen, kann dies bei der Mutter zu Verlustgefühlen führen, die sich in permanenten Nörgeleien gegenüber dem Jugendlichen äußern. Der Jugendliche flüchtet in der Folge vermehrt aus dem Hause, was zu weiteren Unstimmigkeiten Anlass gibt. Im positiven Fall kann die Mutter die neuen Freiheiten nutzen, um eigenen Aktivitäten nachzugehen. Der Jugendliche löst sich schrittweise ab und freut sich über seine aktive Mutter.

Wenn in einem Familiensystem Veränderung erzielt werden soll, ist es demnach möglich und sinnvoll, diese Veränderung von verschiedenen Seiten her zu initiieren. Deshalb ist die Arbeit mit mehreren Personen sowie an den Bedingungen im System angebracht. Die Veränderung bei Person A bewirkt Veränderungen bei Person B, die ihrerseits verstärkend auf A und C wirken etc. Die Veränderung von Rahmenbedingungen bewirkt Veränderungen im Verhalten von Person C.

> *Beispiel*
> *Wenn Frau Niessen ihr Verhalten am Mittagstisch ändert, verändert sich das Verhalten ihrer Tochter Julia. Die ruhigere Tischsituation eröffnet für den jüngeren Fabian neue Lernchancen.*

Elemente aus der Multisystemischen Therapie

Bestimmte Formen intensiver Familienhilfe in den Niederlanden wurden angereichert mit Elementen aus der so genannten Multi-Systemic-Therapy (MST), einem Programm, das Ende der Achtzigerjahre von der Universität von South Carolina (USA) entwickelt wurde. MST ist hoch strukturiert. Die Ausbildung und die Lizenzierung sind streng reglementiert, und das Programm ist als Standard für therapeutisch geschulte Fachpersonen gedacht, die im therapeutischen Prozess intensiv begleitet und bezogen auf die Programmtreue kontrolliert werden. Das holländische Programm «De Versterking» verwendet gewisse Teile aus MST und hat sie für die Familienarbeit durch Professionelle der Sozialen Arbeit verfügbar gemacht (van Vugt & Berger, 1999).

Die KOFA-Methodik hat viele Überlegungen aus MST integriert, speziell die mehrsystemische Perspektive, die Phasierung und die differenzierte Diagnostik. Der wesentliche Unterschied ist die stärkere Ausrichtung auf den Alltag und die entwicklungspsychologische Unterlegung. MST wird seit Herbst 2007 erstmals in der Schweiz erprobt (Kinder- und Jugendpsychiatrischer Dienst, Weinfelden).

4 Kompetenzanalyse

Die Kompetenzanalyse ist ein zentraler Bestandteil des Kompetenzmodells. Sie ist dazu gedacht, die Kompetenz einer Person bezogen auf konkrete Aufgaben und unter Einbezug theoretisch bedeutsamer Faktoren, wie sie in den Kapitel 2 und 3 erläutert wurden, zu beschreiben und zu bewerten.

Kompetenz ist – wie wir gesehen haben – nicht eine für immer erworbene Eigenschaft einer Person, sondern Ergebnis eines dynamischen Interaktionsgeschehens in konkreten Situationen. Ob jemand seine (Entwicklungs-)Aufgaben gut erfüllen kann, hängt von einer Reihe von Faktoren ab: Art der (Entwicklungs-)Aufgabe, Fähigkeiten des Individuums, Wirksamkeit interner und externer Schutz- und Risikofaktoren. Im nachfolgenden Schema ist die so genannte Kompetenzbalance dargestellt mit den Faktoren, die die Balance beeinflussen können. Dieses Schema kann für ganz unterschiedliche Personen und Personengruppen zu Diagnosezwecken genutzt werden. Wenn die Balance zwischen Aufgaben und Fähigkeiten im Gleichgewicht ist, gilt das Verhalten in der Situation als kompetent.

Abbildung 4: Kompetenzbalance

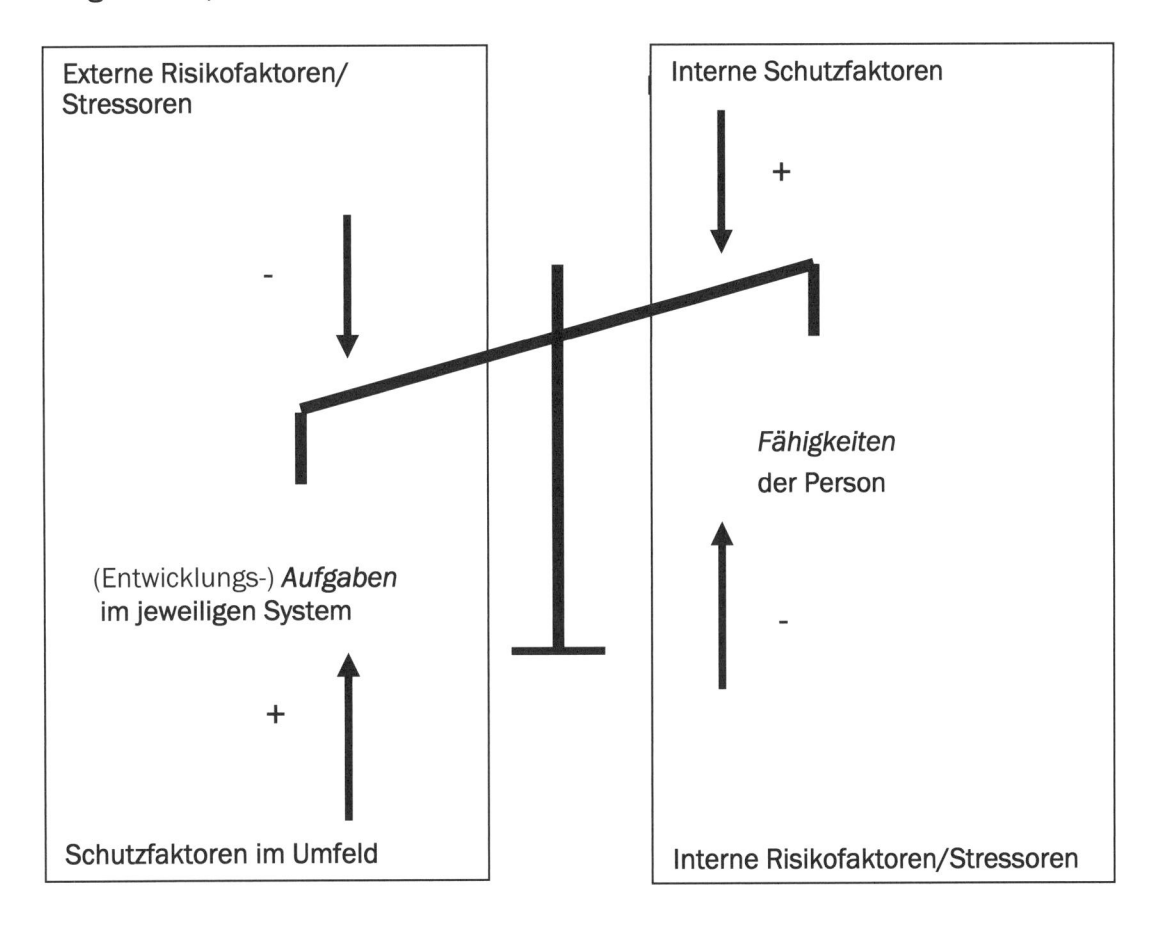

Sechs Faktoren der Kompetenzbalance

Für eine Kompetenzanalyse werden bezogen auf eine Person die sechs Faktoren der Kompetenzbalance näher untersucht: die Aufgaben, die Fähigkeiten, der Einfluss schützender Faktoren (interne und externe) einerseits und der Einfluss externer und interner Risikofaktoren andererseits. Für die Analyse wird also nicht nur auf die Probleme und das Versagen der betroffenen Person geachtet, sondern es werden alle wirkenden Faktoren einbezogen. Die diagnostische Beurteilung ergibt ein differenziertes Bild von Risiken und Ressourcen der Entwicklung, indem Daten aus dem Lebensraum der Familie, der Kinder/Jugendlichen sowie von Fachpersonen verschiedener Disziplinen (z. B. Schulberichte, psychiatrische Gutachten) erfasst werden. Das Spezifische der Kompetenzorientierung besteht darin, dass die Daten «kontextualisiert», d.h. als Wirkfaktoren jeweils bezogen auf eine konkrete Entwicklungsaufgabe in ihrem Zusammenspiel beurteilt werden.

In der konkreten Arbeit mit Familien werden ausgewählte Entwicklungsaufgaben der Eltern resp. der Kinder analysiert. Informationen aus Beobachtungen, Erzählungen, Gesprächen, Tests etc. werden den geeigneten Wirkfaktoren zugeordnet. Die internen Schutzfaktoren wirken positiv auf die Fähigkeiten, während interne Risikofaktoren (aktuelle oder biographische) die Fähigkeiten beeinträchtigen können. Ebenso können externe Faktoren eine konkrete Aufgabe erleichtern oder erschweren.

> *Beispiel*
> *Für eine psychisch erkrankte Mutter wird eine KOFA-Abklärung eingeleitet. Die Sozialarbeiterin ist unsicher, ob das Kindeswohl genügend gesichert ist. Die Familienarbeiterin hält fest, dass die erzieherischen Fähigkeiten der Mutter beeinträchtigt sind, so dass sie nicht in der Lage ist, die Entwicklungsaufgabe «Schaffen von Lernmöglichkeiten» für ihre fünfjährige Tochter genügend gut zu bewältigen, wohl aber die Aufgabe, für eine saubere Wohnung und ein regelmäßiges Essen zu sorgen. Auch ist sie für das Mädchen präsent, wenn auch etwas stark kontrollierend und einschränkend. Der Vater kann für die Tochter ein altersadäquates Morgen- und Abendritual gewährleisten. Dank externer Schutzfaktoren (Kindergarten/Hort für die Tochter, Unterstützung durch die Schwiegermutter, regelmäßige Therapie) kann die Familie insgesamt einen genügend sicheren Alltag für ihr Kind zur Verfügung stellen. Das Kind kann in der Familie verbleiben.*

Für die Durchführung von Kompetenzanalysen gibt es verschiedene Instrumente, die an konkreten Beispielen geübt werden müssen. Kompetenzanalysen zu mehreren Entwicklungsaufgaben bilden die Grundlage für kompetenzorientierte Interventionen. Auch können Kompetenzanalysen zu verschiedenen Zeitpunkten durchgeführt werden, um die Kompetenzentwicklung in Entwicklungsverlauf sichtbar zu machen.

Die Kompetenzanalyse macht deutlich, dass ein Faktor für die eine Aufgabe ein Schutzfaktor, für eine andere hingegen ein Risikofaktor sein kann. Die Analyse zeigt zudem auf, dass weder Personen noch Familien mit einem Etikett versehen und als schwierig, krank, dissozial, süchtig, verwahrlost etc. bezeichnet werden können. Im Kompetenzmodell zeigen Menschen in konkreten Situationen bezogen auf bestimmte Aufgaben bestimmte Verhaltensweisen, die als nicht angemessen beurteilt werden. Dabei können viele Faktoren eine Rolle spielen. Außerdem lenkt die Kompetenzanalyse den Blick auch auf jene Aufgaben, die genügend gut bewältigt werden, sowie auf die vorhandenen internen oder externen Schutzfaktoren.

Die Kompetenzanalyse ist hervorragend geeignet, den Anforderungen an eine integrative Diagnostik nach Heiner (Heiner, M., in Schrapper, Chr. 2004, S. 99ff) zu genügen. Sie ist

> alltags- und entwicklungsorientiert:
> sie setzt am gelebten Alltag an und hilft, die Entwicklung im Alltag zu fördern

> mehrdimensional:
> sie berücksichtigt eine Vielzahl von Faktoren auf der Mikro-, Meso- und Makroebene (Individuum und soziale Systeme)

> interprofessionell:
> sie bezieht die Sichtweisen anderer Professionen systematisch ein (z. B. der Psychiatrie, der Lehrerschaft etc.)

> systemisch und sozialökologisch:
> sie konkretisiert, dass Menschen Mitglieder von Systemen sind und erfasst, welche Bedeutung diese Systeme haben

> handlungsorientiert:
> sie gibt präzise Hinweise, worauf sich die professionellen Interventionen richten müssen

> partizipativ:
> sie bezieht die Kinder und Jugendlichen und deren direkte Bezugspersonen in die diagnostische Erfassung mit ein.

5 KOFA: Module, Phasen und Instrumente im Überblick

5.1 Die drei Standardmodule

Zurzeit kennt die KOFA-Methodik in der Schweiz drei Standardmodule für die aufsuchende Arbeit mit Familien. Es folgt eine Kurzdarstellung dieser drei Module. Für alle Module gilt, dass zumindest ein Elternteil (leibliche Eltern, Adoptiv- oder Pflegeeltern) vorhanden und für die Zusammenarbeit verfügbar resp. zur Zusammenarbeit bereit ist. Bei angeordneten Interventionen ist die Bereitschaft nicht immer gegeben.

5.1.1 Modulbeschreibung KOFA-Abklärung

Das Modul Abklärung wurde für die Schweiz neu entwickelt auf der Basis bestehender Instrumente der Methodik, die mit Diagnoseinstrumenten aus der Kleinkind- und Bindungsforschung sowie mit Elementen des Dormagener Qualitätskatalogs und des Stuttgarter Kinderschutzbogens angereichert wurden (Stadt Dormagen, 2001).

Indikation: Diagnostik in der Lebenswelt
Die Abklärung ist gedacht für Familien, in denen die Sicherheit und das Kindeswohl für Kinder/Jugendliche beurteilt werden sollen. Die Abklärung mit Hilfe der KOFA-Methodik ist indiziert, wenn über die Problemlage und über die Lebensbedingungen mit den Mitteln des Gesprächs nicht genügend sichere Informationen gewonnen werden können (z. B. bei Gewalt, psychischen Problemen der Eltern, Suchtproblemen, leichter geistiger Behinderung der Eltern, Verhaltensauffälligkeiten der Kinder). Mit dem Modul «Abklärung» (Dauer 4 Wochen) werden die Lebensbedingungen und die Entwicklungschancen von Kindern/Jugendlichen in ihren Familien mit Hilfe strukturierter Beobachtungs- und Gesprächssettings im Familienalltag beschrieben.

Präsenz in der Familie
Die KOFA-Fachkraft verbringt insgesamt 40 Stunden in der Familie, im Verlauf derer Informationen über die Lebensbedingungen, den familiären Alltag, die Eltern-Kind-Interaktionen, die Erziehungsfähigkeit der Eltern, den Entwicklungsstand und die Entwicklungschancen der Kinder sowie über das Netzwerk der Familie gesammelt werden. Die KOFA-Fachstelle ist rund um die Uhr erreichbar. Bei Bedarf werden Abend- und Wochenendeinsätze geleistet. Die KOFA-Fachkraft ist bei einem Einsatz mindestens zehn Stunden lang ununterbrochen in der Familie anwesend.

Teilleistungen

Das Modul Abklärung wird mit untenstehenden Teilleistungen und Eckwerten für den Aufwand offeriert.

Tabelle 5: Teilleistungen/Aufwand für das Modul KOFA-Abklärung

Teilleistungen	Aufwand
Facharbeit in der Familie	40 Stunden
Fallbegleitung und Supervision	4 Stunden
Vor- und Nachbereitung, Aktenführung, Schlussbericht mit Empfehlungen für die nächsten Schritte	16 Stunden
Wegentschädigung	pauschal
Abklärungen mit externen Systemen und Akteuren	nach Aufw.
Berichte und Sitzungen außerhalb des Standards	nach Aufw.

Die Teilleistungen werden von den Leistungserbringern zu unterschiedlichen Stundenansätzen verrechnet, so dass die Kosten für eine KOFA-Abklärung von Leistungserbringer zu Leistungserbringer verschieden sind.

Instrumente für die Abklärung

Für die Abklärung können neben den Standardinstrumenten einige weitere hinzu kommen, auf die im Abschnitt Informationsphase näher eingegangen wird.

5.1.2 Leistungsbeschreibung KOFA-6-Wochen

Indikation: Spurwechsel

Das sechswöchige Intensivprogramm ist gedacht für Familien in einer belastenden Situation, aus der sie aus eigener Kraft nicht hinausfinden. Die Gründe für diese Situation können sein: Überforderung der Eltern, Vernachlässigung, Gewalt, Sucht, psychische Erkrankung, Problemverhalten eines Kindes/mehrerer Kinder, Trennung/Scheidung. Auch wenn die Fremdplatzierung eines der Kinder erwogen wird, kann das 6-Wochen-Programm gewählt werden.

Das Programm erfasst die Kompetenzprofile sowie die Schutz- und Risikofaktoren in der Familie und verbessert durch die lernintensive Präsenz vor Ort die Fähigkeiten der Familienmitglieder, die Aufgaben des Alltags selber zu bewältigen. Mit der 6-Wochen-Intervention soll eine Art «Spurwechsel» in der familiären Entwicklung erwirkt, dysfunktionale Strukturen und Prozesse sollen bewusst gemacht und Alternativen erarbeitet werden. In dichter Kadenz (lerntheoretisch: mit optimaler Kontingenz) steht die Arbeit an konkreten Zielen/Arbeitspunkten im Zentrum.

Präsenz in der Familie
80 Stunden in drei Phasen

Teilleistungen
Das Modul 6-Wochen wird mit untenstehenden Teilleistungen und Eckwerten für den Aufwand offeriert.

Tabelle 6 : Teilleistungen/Aufwand für das Modul KOFA-6-Wochen

Teilleistungen	Aufwand
Facharbeit in der Familie	80 Stunden
Fallbegleitung und Supervision	8 Stunden
Vor- und Nachbereitung, Aktenführung, Zwischenbericht und Schlussbericht mit Empfehlungen für die nächsten Schritte	20 Stunden
Wegentschädigung	pauschal
Abklärungen mit externen Systemen und Akteuren	nach Aufw.
Berichte und Sitzungen außerhalb des Standards	nach Aufw.

5.1.3 Leistungsbeschreibung KOFA-6-Monate

Indikation: Intensives Lernen
Das sechsmonatige Lernprogramm ist gedacht für Familien in einer belastenden Situation, aus der sie aus eigener Kraft nicht hinausfinden. Die Gründe für die Belastung sind mit jenen der 6-Wochen-Intervention vergleichbar, mit dem Unterschied, dass die Familie über ausreichende Fähigkeiten verfügt, die Anregungen der Fachkraft und Veränderungsschritte selber und ohne Präsenz der Fachkraft umzusetzen. Lerntheoretisch bedeutet dies, dass die Familienmitglieder auch bei geringer Frequenz und Kontingenz der Veränderungsimpulse genügend in der Lage sein müssen, bestimmte Verhaltensweisen zu ändern und zu lernen. Diese Voraussetzung ist in vielen Familien nicht gegeben, weshalb die Reihenfolge KOFA-6-Wochen mit anschließendem 6-Monate-Programm als lerneffizienter indiziert erscheint.

Im 6-Monate-Programm ist das Kindeswohl ist nicht akut gefährdet, aber eine gelingende Entwicklung der Kinder ist aus folgenden Gründen nicht gewährleistet: Überforderung der Eltern, Gewalterfahrungen in der Familie (nicht akut), Sucht und psychische Erkrankung eines Elternteils, Problemverhalten eines Kindes/mehrerer Kinder, belastete Trennung oder Scheidung.
Das Programm erfasst die Schutz- und Risikofaktoren in der Familie und verbessert durch die regelmäßige Präsenz vor Ort und mit Hausaufgaben für die Zeit zwischen zwei Besuchen die Fähigkeiten der Familienmitglieder, die Aufgaben des Alltags selber zu bewältigen.

Präsenz in der Familie
80 Stunden in drei Phasen

Teilleistungen
Das Modul 6-Monate wird mit untenstehenden Teilleistungen und Eckwerten für den Aufwand offeriert.

Tabelle 7: Teilleistungen/Aufwand für das Modul KOFA-6-Monate

Teilleistungen	Aufwand
Facharbeit in der Familie.	80 Stunden
Fallbegleitung und Supervision	8 Stunden
Vor- und Nachbereitung, Aktenführung, Zwischenbericht und Schlussbericht mit Empfehlungen für die nächsten Schritte	20 Stunden
Wegentschädigung	pauschal
Abklärungen mit externen Systemen und Akteuren	nach Aufw.
Berichte und Sitzungen außerhalb des Standards	nach Aufw.

In der Einsatzplanung eines sechsmonatigen Einsatzes ist in der Regel der Start intensiver, während ab ca. dem dritten Monat die Interventionen in größerem Abstand erfolgen und auch von kürzerer Dauer sein können (in der Regel zwei Stunden). Telefonische Kontakte, SMS und ggf. Mailkontakt können die Lernfortschritte bei einem 6-Monaten-Programm wirksam unterstützen. Dies setzt aber die entsprechende Infrastruktur und ausreichende Fähigkeiten voraus – ein Umstand, der nicht immer gegeben ist. Insgesamt ist durch die größere Zahl der – in der Regel kürzeren – Aufenthalte in der Familie das 6-Monate-Modul etwas teurer trotz gleichen Teilleistungen.

5.2 Phasen

Jeder KOFA-Einsatz ist in drei Phasen gegliedert, in denen jeweils spezifische Ziele verfolgt werden und definierte Instrumente zum Einsatz kommen.

Phase 1: Informationsphase
In der ersten Phase, die – je nach Modulvariante – ca. eine bis vier Wochen dauert, stehen viele Aufgaben an, die primär der Informationssammlung dienen. Nur in bezeichneten Ausnahmen (akute Krisen und Gefährdung des Kindeswohls) erfolgen bereits erste Interventionen.

> Kennen lernen/Aufbau einer Arbeitsbeziehung
> Beruhigen der Familienmitglieder (speziell im Fall einer akuten Krise)
> Beobachtungen vor Ort in der Familie und im sozialen Nahraum
> Verbessern der Sicherheit (wenn diese gemäß Indikation als gefährdet beurteilt wurde)
> Praktische und materielle Hilfeleistung nach Bedarf
> Sammeln und Analysieren von Informationen
> Formulieren von Zielen für den Arbeitsplan

Phase 2: Veränderungsphase

In der zweiten Phase, die – je nach Modulvariante – ca. vier Wochen resp. ca. vier Monate dauert, arbeitet die Fachperson gemeinsam mit den Familienmitgliedern an den Zielen und den konkret ausformulierten Arbeitspunkten aus der Informationsphase mit Hilfe folgender Arbeitsweisen (Auswahl):

> Anbieten praktischer und materieller Hilfe
> Erleichtern von Aufgaben/Entlastung im Alltag
> Vergrößern und Stabilisieren der Sicherheit
> Erlernen von Fähigkeiten
> Beeinflussen von Gedanken und Gefühlen
> Beschreiben und Nutzen des sozialen Netzwerkes
> Sammeln weiterer Informationen/Anpassen resp. Ergänzen der Ziele und des Arbeitsplans

Alle Interventionen der Fachperson sind darauf ausgerichtet, die Familienmitglieder zu aktivieren und zu befähigen für die Aufgaben des Alltags. Sie setzt dazu eine Reihe von Instrumenten zur Kompetenzerweiterung ein. Gegen Schluss der Veränderungsphase wird die praktische und materielle Hilfe abgebaut und wenn nötig übertragen an ein Netzwerk, das zusammen mit der Familie analysiert und erweitert wurde. Übergeordnetes Ziel ist es, dass die Familie selbständig resp. mit Unterstützung aus dem Netzwerk die Alltagsaufgaben wieder bewältigen kann.

Gegen Ende dieser Phase werden bei Bedarf und in Absprache mit der zuweisenden Instanz allfällige Anschlusshilfen mit den Familienmitgliedern diskutiert.

Phase 3: Abschlussphase

Wenn die Interventionen erfolgreich waren, kann die Hilfe nach der regulären Veränderungsphase abgeschlossen werden. Das heißt nicht, dass alle Probleme in der Familie gelöst sind, sondern dass die formulierten Ziele genügend gut erreicht wurden. Mit Hilfe der Kompetenzerweiterung sind die Familienmitglieder in der Lage – eventuell mit weniger intensiver Unterstützung – ihren Alltag zu bewältigen. Im Beisein der zuweisenden Instanz wird die Hilfe in einem speziell gestalteten Rahmen gemeinsam abgeschlossen. Als Case Manager übernimmt die zuweisende Stelle von jetzt an die Zuständigkeit für die Familie.

5.3 Ziele und Instrumente

Es folgen für die drei KOFA-Module Abklärung, KOFA-6-Wochen, KOFA-6-Monate die phasenspezifischen Ziele und die aktuell verfügbaren Standardinstrumente mit einer Auswahl möglicher Methoden und Techniken. KOFA lässt hier bewusst viel Raum für Vorgehensweisen aus anderen Theorietraditionen, z. B. für die Fragetechniken aus systemischen und lösungsorientierten Ansätzen.

Die in der Spalte Instrumente/Berichte aufgeführten Instrumente können in der aktuellsten Version unter www.kompetenzorientierung.ch oder www.haupt.ch/KOFA heruntergeladen werden.

Die Informationsphase

Ziele	Instrumente/Berichte/Techniken

- Die Indikation ist überprüft (Basisinformationen)
- Die Fachperson hat alle Familienmitglieder kennen gelernt.
- Eine tragfähige Arbeitsbeziehung ist aufgebaut.
- Die Familie ist über die Arbeitsweise informiert und bezogen auf die aktuellen Probleme beruhigt.
- Die Sicherheit für die Familienmitglieder ist abgeklärt und wenn nötig verbessert.
- Die nötigen Informationen sind gesammelt und analysiert.
- Module 6W und 6M: Der Arbeitsplan ist erstellt - Ziele sind formuliert.
- Der Zwischenbericht ist erstellt.
- Abklärung: Der Schlussbericht mit Empfehlungen sind formuliert
	BI: Basisinformationen
	LB: Lebensbedingungen
	Eltern (M/V): Informationen Eltern
	Kinder: Informationen Kinder
	KP: Kompetenzprofile
	  - **KP Eltern** (für versch. Altersstufen)
	  - **KP 00-02:** Säugling
	  - **KP 03-06:** Kleinkind
	  - **KP 07-12:** Schulkind
	  - **KP 13-18:** Jugendlicher
	DKA: Diagnostische Kompetenzanalyse
	TR: Tägliche Routine
	IA: Interaktionsanalyse
	NS/NK: Netzwerkschema/-karte
	NOTIZ: Arbeitsnotizen
	ZB: Zwischenbericht (resp. **SB-Abkl.:** Schlussbericht bei einer Abklärung)
	AP1: Arbeitsplan 1

Die Veränderungsphase

Ziele	Instrumente/Berichte/Techniken
Für KOFA-6-Wochen und KOFA-6-Monate - *Die Ziele des Arbeitsplans 1 sind realisiert und erreicht.* - *Ein kindgerechtes Lebensumfeld ist sichergestellt.* - *Das soziale Netzwerk ist beschrieben, genutzt und aktiviert.* *KOFA- 6-Wochen* - *Der Verlauf ist evaluiert.* - *Der Arbeitsplan ist ggf. angepasst > Arbeitsplan 2.* - *Der Bedarf für eine Anschlusshilfe ist ermittelt.*	**AP1:** *Arbeitsplan* **NS/NK:** *Netzwerkschema/-karte* **AP2:** *Arbeitsplan 2* *evt. neue* **DKA** *evt. weitere* **IA** **SHG:** *Störende und Helfende Gedanken* **NOTIZ** Methoden/Techniken: - *Aufgabenerleichterung* - *Benennen von Ressourcen* - *Feedback geben*
KOFA-6-Monate *Nach ca. 2 Monaten* - *Der Verlauf ist evaluiert.* - *Der Arbeitsplan1 ist angepasst >Arbeitsplan 2.* - *Zwischenbericht 2 ist erstellt.* *Nach weiteren 2 Monaten:* - *Der Verlauf ist evaluiert.* - *Der Bedarf für eine Anschlusshilfe ist ermittelt.*	- *Instruktion und Verhaltensvorschläge* - *Modell stehen* - *Verhaltensübungen* - *Bleistift- und Papiertraining (individuell und mit der Familie)* - *Informationen geben (Psycho-edukation)* - *störende und helfende Gedanken* - *Thermometer und Erste-Hilfe-Karte* - *Netzwerkverstärkung* - *...*

Die Abschlussphase

- *Absprachen mit dem unterstützenden Netzwerk sind erfolgt.* - *Absprachen mit der zuweisenden Instanz und evt. Übergabe an Anschlusshilfe sind erfolgt.* - *Absprachen zum Follow-up sind gemacht.* - *Der Schlussbericht ist erstellt.* - *Die Hilfe ist im Beisein der einweisenden Instanz abgeschlossen (inkl. Bericht).* - *Der Gutschein ist abgegeben.*	- Netwerkarbeit - **SB:** Schlussbericht - **Gutschein**

Anschlusshilfe

In bezeichneten Fällen kann es nötig sein, für die ganze Familie oder für einzelne Familienmitglieder nach KOFA-Abschluss weitere professionelle Hilfe zu empfehlen. Die Familienarbeitenden schlagen Anschlussvarianten vor, die zuweisende Instanz übernimmt aber als Case Manager die Verantwortung. Eine allfällige Überführung in die Veränderungsphase nach einer Abklärung, sowie eine Verlängerung der 6-Wochen- und 6-Monate-Programme kann sinnvoll sein, wenn Veränderung möglich erscheint resp. stattgefunden hat, aber noch nicht alle Ziele und Arbeitspunkte genügend bearbeitet wurden. Eine allfällige Verlängerung erfolgt immer auf der Basis eines Schlussberichts, in dem die Fortführung mit klar bezeichneten Arbeitspunkten begründet wird.

Gutschein

Im Sinne der Nachsorge wird festgelegt, in welcher Form die Familie auf die Fachperson zurückgreifen kann. Ein Gutschein für ein Folgegespräch oder einen telefonischen Kontakt gehört zum Standard. Die Einlösung liegt im Ermessen der einzelnen Familienmitglieder.

Follow-up-Gespräch

Die Teamleitung führt nach drei, sechs und zwölf Monaten ein institutionalisiertes telefonisches Follow-up-Gespräch durch. Im Rahmen dieses Gesprächs kann allenfalls eine Überweisung an eine Form von Folgehilfe erfolgen. Im Gespräch wird die aktuelle Situation in der Familie erfasst und die Nachhaltigkeit der Intervention evaluiert.

Offen für Anpassungen und für andere Settings

Die KOFA-Formulare können auch in anderen Settings und für andere Kliententhemen verwendet werden (z. B. in der Beratung, in stationären Settings, in der Arbeit mit Gruppen), und sie werden von den Autorinnen im Austausch mit Praxisorganisationen weiter entwickelt. Es ist nicht im Sinne einer Methodik, die Instrumente beliebig zu verändern. Vorschläge für Anpassungen aufgrund von gemachten Erfahrungen sind jedoch sehr willkommen und helfen, die KOFA-Methodik weiter zu verbessern.

Standard für die Leistungserbringung

Die KOFA-Instrumente werden als Standard von den Mitarbeitenden einer KOFA-Fachstelle verwendet. Je nach Familientypus, Familienphase etc. werden aber nur ausgewählte Formulare eingesetzt, andere müssen für die besondere Situation adaptiert werden (z. B. ist das Formular tägliche Routine in der vorliegenden Form nicht geeignet für eine Familie mit einem Säugling). Wichtig ist jedoch ein verbindlicher Qualitätsstandard: der Arbeitsprozess ist phasiert und über ausgewählte Instrumente für alle Mitarbeitenden strukturiert. Der Arbeitsprozess in der Familie wird mittels Formularen dokumentiert und transparent gemacht. Änderungen und

Anpassungen erfolgen transparent in der Organisation und gegenüber der Inhaberin des Copyright.

Einfache administrative Abwicklung: Bleistift statt PC
Die Formulare sind so gestaltet, dass sie – bis auf das Formular ZB für den Zwischenbericht und SB für den Schlussbericht – von Hand und mit Vorteil mit Bleistift ausgefüllt werden. Die Formulare dienen der Vor- und Nachbereitung der Besuche in den Familien – nur in seltenen Fällen werden Formulare und Checklisten sichtbar im direkten Kontakt mit den Familienmitgliedern verwendet. Die Instrumente lenken die Aufmerksamkeit und dokumentieren den Verlauf. Das Ziel ist: möglichst viel Zeit für die Fach- und Klientenarbeit, möglichst wenig Aufwand für Administration.

Einsatz der zentralen Methoden/Techniken
In KOFA sind die methodisch geplante, offene und respektvolle Kommunikation/Befragung sowie die systematische Beobachtung zentral. Diese grundlegenden Fähigkeiten bringen Familienmitarbeitende teilweise aus ihrer Grundausbildung/Weiterbildung mit, sie müssen aber im Rahmen von Trainings und Coachings geübt und erweitert werden. Der Einsatz weiterer Methoden und Techniken wird in den Basistrainings geübt und in den Fallbegleitungen vertieft.

Unterstützung durch die Praxisorganisation
KOFA-Fachpersonen erhalten für ihren Familieneinsatz jeweils einen Satz mit den in der Organisation zur Anwendung gelangenden Instrumenten zusammen mit Visualisierungshilfsmitteln wie Farbstiften, Flipchartblättern, farbigen Zetteln etc. Sie werden pro Familieneinsatz von den dafür zuständigen Personen in ihrer Praxisorganisation (z. B. Gruppen- oder Teamleitung) unterstützt und begleitet. Bei wichtigen Standardschritten im Prozess (Zwischenbericht, Arbeitsplan, Schlussbericht) sowie bei besonderen Vorkommnissen wird die Teamleitung konsultiert.

Informationsphase

6 Ziele der Informationsphase

Die befristete und strukturierte Arbeitsweise der kompetenzorientierten Familienarbeit verlangt, dass in einer ersten Kontaktphase zusammen mit der Familie gutes Datenmaterial gesammelt wird, das die Basis liefert für die anschließenden Interventionen. In Cassée (2007, S. 87–164) wird dargestellt, wie die diagnostische Phase im Zyklusmodell für die Hilfeplanung gestaltet werden kann, um zu einer präzisen Indikation und dann zu einem entsprechenden Hilfekonzept zu gelangen. Hier folgt nun ein Überblick über die Ziele und Arbeitsschritte, die dann einsetzen, wenn die Indikation «aufsuchende Familienarbeit» formuliert wurde, und eine zuweisende Instanz eine Familie bei einer KOFA-Fachstelle anmeldet. Weil in der Regel die Informationen über eine Familie aus ambulanten Kontakten resp. aus vorliegenden Akten und Informationen unvollständig sind, müssen in der ersten Phase in der Familie weiter gehende und präzisere Informationen gesammelt werden. Die intensive Präsenz vor Ort ist dazu hervorragend geeignet, und die kompetenzorientierte Methodik stellt hierfür die Instrumente bereit.

In der Informationsphase, die je nach Modul unterschiedlich lang ist, stehen folgende vier Hauptziele im Zentrum, die in den entsprechenden Kapiteln erläutert werden.

> *Auftragsklärung (vgl. Kap. 7)*
>   - Die Indikation ist überprüft.
>   - Die Rollen der Beteiligten sind geklärt.

> *Aufbau einer Arbeitsbeziehung (vgl. Kap. 8)*
>   - Die Fachperson hat alle Familienmitglieder kennen gelernt.
>   - Eine tragfähige Arbeitsbeziehung ist aufgebaut.
>   - Die Familie ist über die Arbeitsweise informiert und bezogen auf die aktuellen Probleme beruhigt.
>   - Die Sicherheit für die Familienmitglieder ist abgeklärt und wenn nötig verbessert.

> *Sammeln und Analysieren von Informationen (vgl. Kap. 9)*
>   - Die nötigen Informationen sind gesammelt und aufbereitet.

> *Ableiten von Zielen und Formulieren eines Arbeitsplans (vgl. Kap. 10)*
>   - Bei den Modulen KOFA-6W und KOFA-6M: die Ziele und Arbeitspunkte sind formuliert, und der Arbeitsplan ist erstellt.
>   - Der Zwischenbericht z.Hd. der zuweisenden Instanz ist erstellt.
>   - Bei einer KOFA-Abklärung: Der Schlussbericht mit Empfehlungen ist erstellt.

7 Auftragsklärung

Basisinformationen zur Überprüfung der Indikation und als Auftragsgrundlage
Für eine gelingende Intervention in einer Familie sind eine präzise Indikation und ein klarer Auftrag unabdingbar. Die Leistungsbeschreibung der KOFA-Module erleichtert die Einleitung einer Intervention für alle Beteiligten. Die zuweisenden Instanzen kennen das Leistungspaket und können die Indikation für eine KOFA-Intervention gut begründet formulieren. Gegenüber der Familie kann präzise geschildert werden, welche Schritte geplant sind, wie häufig und wie lange die Fachperson in der Familie sein wird und welche Art von Berichten geschrieben wird. Der Kostenrahmen ist für alle klar, und es ist festgehalten, wann und wie die Ergebnisse der Intervention diskutiert und allfällige Anschlussmaßnahmen gemeinsam vereinbart werden.

Vorgehen
Die zuweisende Stelle fragt bei einem Leistungserbringer KOFA an und informiert die Familie über die geplante Hilfe. Zusammen mit der Familie werden die so genannten Basisinformationen erhoben (Formular BI). Das Formular enthält alle verfügbaren Daten zu den Personen in der Familie sowie zum Anlass für den geplanten KOFA-Einsatz. Es wird festgehalten, welche KOFA-Modulvariante als indiziert beurteilt wird. Das Formular wird von den Eltern(-teilen) mit unterschrieben und an die Fachstelle geschickt oder gefaxt (aus Datenschutzgründen kein Mail).

Die KOFA-Stelle prüft den Antrag und fragt – wenn nötig – nach. Häufig braucht es Rückfragen zur Indikation generell resp. für das gewünschte Modul im Speziellen sowie zum genauen Startpunkt der Hilfe.

> *Beispiel*
> *Die KOFA-Stelle erhält die Anfrage für eine Intervention KOFA-6-Monate. Es handelt sich um Frau Hansen, eine 32-jährige Mutter mit einem sechs Monate alten Säugling. Die Mutter kommt nach einem einjährigen stationären Aufenthalt in einer Drogentherapiestation zurück in ihre Wohnung. Sie bezieht Methadon. Der Austrittsbericht der Therapiestation ist kritisch in Bezug auf die Stabilität der Mutter. Die Sozialarbeiterin des Jugendamts ist voller Sorge – sie hat erhebliche Zweifel, ob die Mutter in der Lage ist, für das Baby zu sorgen. Lichtblick: Die Mutter von Frau Hansen wohnt im gleichen Haus.*
>
> *Nach Erhalt des BI-Formulars erkundigt sich die KOFA-Stelle genauer, und gemeinsam wird beschlossen, zuerst eine vierwöchige Abklärung zu vereinbaren und dann zu entscheiden, was die Mutter braucht. Zudem wird vereinbart, dass die Hilfe sofort einsetzt, um die Situation vor Ort von Anfang an beobachten und begleiten zu können.*

Klarheit über die Rollen

Die Hilfe wird im Dreieck von zuweisender Instanz – Familie – KOFA-Fachstelle sorgfältig und transparent vorbereitet. Die Aufgaben und Befugnisse dieser drei Partner werden für alle Beteiligten klar festgehalten. Die zuweisende Instanz – z. B. Jugendamt, Jugendanwaltschaft, Sozialzentrum – hat das Case Management und gibt der KOFA-Stelle für eine bestimmte Zeit einen Auftrag. Für diesen Auftrag ist die Stelle spezialisiert. Sie plant und gestaltet den Auftrag in eigener Verantwortung auf der Basis einer klaren KOFA-Modulbeschreibung inkl. Kostenrahmen.

Die Standardisierung der Abläufe erlaubt eine effiziente und schlanke Abwicklung der Anfragen und gewährleistet, dass auf Fragen und Probleme der involvierten Familien eine rasche Antwort gegeben werden kann. Wartezeiten und lange Vorverhandlungen sind ungünstig: wenn Hilfe nötig ist, soll sie möglichst rasch einsetzen.

Es ist sinnvoll, aber nicht zwingend, dass die zuweisende Instanz beim Erstkontakt und beim Abschluss in der Familie anwesend ist. In allen Phasen informieren die Familienarbeitenden die zuweisende Instanz zu festgelegten Zeitpunkten über den Verlauf der Hilfe. Sie verfassen den Zwischen- und den Schlussbericht.

> *Beispiel*
> *Die Anfrage für Frau Hansen und ihr Baby traf am Mittwoch in der KOFA-Fachstelle ein. Die Sozialarbeiterin lud die Mutter am Montag zu einer Besprechung ein, als diese in ihre Wohnung zurückkehrte. Sie diskutierten die aktuelle Situation und füllten das Formular BI aus, das an die KOFA-Fachstelle gefaxt wurde. Am Dienstag rief die KOFA-Fachstelle an und vereinbarte mit der Sozialarbeiterin die Abklärung anstelle eines sechsmonatigen Moduls. Die Sozialarbeiterin informierte die Mutter und bereits am Dienstag fand der erste Kontaktbesuch bei der Mutter statt. Die Sozialarbeiterin nahm an dieser Besprechung nicht teil, wurde aber telefonisch kurz über den Verlauf und die geplanten Sitzungen mit der Mutter informiert.*

Die Haltung der Familienarbeitenden: respektvoll und mehrseitig parteiisch

Aufsuchende Familienarbeit ist ein intensiver und fachlich anspruchsvoller Arbeitsbereich in der Sozialen Arbeit mit Familien. Während einer gewissen Zeit nimmt die Fachperson teilweise recht intensiv am Familienleben teil und erhält Einblick in das Alltagsleben, die Konflikte und Probleme der Familie. Familienarbeitende treten in ein ihnen fremdes System ein, das sich zudem in einer Krise oder in einer Belastungssituation befindet. Die Familie hat sich in der Regel lange um eigene Lösungen bemüht und ist zum Teil dabei gescheitert. Dafür verdient die Familie Respekt und Wertschätzung. Und auch wenn der Familienintervention nicht von allen Familienmitgliedern zugestimmt wird und die Intervention womöglich nicht freiwillig erfolgt: die Familie lässt zu, dass sie beobachtet wird und dass in ihrem Alltag Veränderungen eingeleitet werden.

In der Zusammenarbeit zeigt die Fachperson Verständnis für die verschiedenen Familienmitglieder und bestärkt sie in ihrem Willen zur Veränderung. Sie ist nicht Partei einer Person, sondern definiert sich als Ansprechperson für alle und als mehrseitig parteiisch. In bestimmten Situationen muss sich aber die Fachperson anwaltschaftlich für eine Seite oder eine Person engagieren, z. B. wenn das Kindeswohl gefährdet ist oder Gewalt und Missbrauch im Spiel sind. Aber auch dann gilt: die andere Seite bekommt – wenn nötig und möglich – Hilfe, die dann möglicherweise von einer anderen Stelle geleistet werden muss.

> *Beispiel*
> *Am ersten Wochenende erhält Frau Hansen Besuch von ihrem früheren Freund, der nicht der Vater ihres Kindes ist. Der Mann ist noch stark in der Drogenszene verankert und konsumiert regelmäßig verschiedene Drogen. Er verfügt über einen Schlüssel zur Wohnung von Frau Hansen, in der er zeitweise gelebt hat. Die Familienarbeiterin beobachtet die Interaktionen zwischen Frau Hansen und dem Freund und zwischen ihm und dem Kind. In der Nachbesprechung erzählt Frau Hansen, dass er gerne in die Wohnung einziehen würde. Sie zögert, auch weil er ihr gegenüber schon gewalttätig wurde. Sie möchte die frühere Liebesbeziehung nicht wieder aufnehmen. Die Familienarbeiterin bezieht klar Position: sollte der Freund einziehen, sähe sie das Kindeswohl gefährdet. Frau Hansen wechselt nach dem Gespräch das Wohnungsschloss aus und bricht die Beziehung zum Ex-Freund ab.*

In der Arbeit mit belasteten Familien werden Fachpersonen sehr direkt mit Werthaltungen und Normen konfrontiert, die sich häufig nicht mit ihren eigenen Werten und Normen decken. Als Fachpersonen gehen Familienarbeitende offen und tolerant auf die Familien zu und vertreten professionell abgestützte Positionen. Sie stützen sich auf die Menschenrechte, die Rechte des Kindes und die geltenden Gesetze, halten demgegenüber persönliche Aussagen sowie eigene Werte und Normen zurück.

8 Aufbau einer Arbeitsbeziehung

In diesem Kapitel (und in folgenden Kapiteln) wird uns die Fallgeschichte von Hakan begleiten.

Hakan

Hakan Totü, bei der Fallaufnahme 13 Jahre alt, lebt mit seiner türkischen Mutter seit seinem fünften Lebensjahr in der Schweiz. Er besucht die 5. Primarklasse im Quartier – die erste Klasse hat er wegen Sprachproblemen in der Einführungsklasse A (Dauer zwei Jahre) absolviert. In der Schule sind im letzten Jahr vermehrt Probleme aufgetreten. Hakan bleibt der Schule häufig fern und erledigt seine Hausaufgaben mangelhaft. Im Klassenraum ist er unruhig und stört den Unterricht mit Zwischenrufen. Der Aufforderung, ohne Baseballkappe im Klassenzimmer zu erscheinen, kommt er regelmäßig nicht nach. Das führt zu unliebsamen Auseinandersetzungen mit der Klassenlehrerin. Er hat angefangen zu rauchen, und einige Kollegen der 6. Klasse, mit denen er häufig verkehrt, folgen seinem Beispiel. Bei einigen Mädchen gilt Hakan als Held: er ist hübsch, sportlich und macht lustige Witze. Er verfügt immer über Geld und lädt die Mädchen zu sich ein, um DVD zu schauen oder Computerspiele zu machen. Die Lehrerin macht sich Sorgen, weil Hakan – trotz guter Intelligenz – wohl in der Sekundarstufe C (tiefstes Niveau) landen wird. Auch befürchtet sie ein Abgleiten in noch schwierigere Verhaltensweisen, wenn jetzt nichts unternommen wird. Hakan selbst ist wenig beunruhigt – er schaffe das dann schon noch, wenn es ernst werde. Er wolle halt das Leben genießen und sowieso Fußballer werden. Aber in die Sek. C. wolle er schon lieber nicht. Die Mutter zahle ihm dann das Lernstudio oder so was.

Die Mutter hat im letzten Gespräch mit der Lehrerin unter Tränen ihre Sorgen um die Entwicklung mit Hakan angetönt. Er höre nicht auf sie und werde ein «richtiger Mann». Er gleiche halt dem Vater. Als kürzlich ein Mädchen weinend aus seinem Zimmer stürmte, antwortete Hakan auf die Rückfragen der Mutter, dass sie das nichts angehe – Weiber hätten eh nichts zusagen und sie solle gefälligst das Nachtessen vorbereiten. Auch bei anderen Themen benähme sich Hakan in letzter Zeit immer rücksichtsloser und aggressiver. Sie habe ihm in einer akuten Konfliktsituation gesagt, dass er immer mehr dem Vater gleiche, worauf Hakan sie geschlagen habe. Er schrie, dass sie so was nie wieder sagen solle. Er wisse schon, was er mache. Sie sei hin- und hergerissen: sie bewundert ihren Sohn, fragt sich manchmal aber auch, wie das nun weitergehen soll mit ihm. Das Zusammenleben mit ihm sei für sie schwierig geworden. Sie streiten sich häufig. Eine Freundin hat ihr vor kurzem gesagt, Hakan käme noch auf die schiefe Bahn, wenn sie ihn nicht härter anpacke. Sie habe Angst, wisse aber nicht, was sie ändern könne.

Die Lehrerin weiss, dass Hakans Eltern sich scheiden ließen, als Hakan sieben Jahre alt war. Die zwei Jahre jüngere Schwester lebt bei der Großmutter in der Türkei, der ältere Bruder (15 Jahre) wohnt seit einem Jahr beim Vater. Die Mutter arbeitet dreimal in der Woche abends und am Samstag bei einem Putzinstitut – sie spricht und versteht nicht sehr gut deutsch, aber mit etwas Geduld könne man sich mit ihr verständigen. Sie kauft Hakan schöne Kleider, gibt ihm ein großzügiges Taschengeld, und wenn er mehr Geld braucht, ist sie – wenn er sie lieb fragt – immer bereit, ihm auch mehr zu geben. Er tröstet sie, wenn sie traurig ist und sich einsam fühlt, er unterstützt sie, wenn sie über den Vater schimpft, er geht mit ihr zu ihren Freundinnen zu Besuch und erledigt viele Aufgaben im Kontakt mit Ämtern. Häufig schläft Hakan bei der Mutter im elterlichen Bett, weil sie sonst so schlecht schläft, wie Hakan mal erzählte.

Hakan muss zu Hause keine Aufgaben übernehmen – die Mutter putzt, wäscht, kocht etc. Die Hausaufgaben macht er – wenn überhaupt – am Küchentisch, obwohl sein eigenes

Zimmer dafür bestens geeignet wäre. Er hat einen eigenen PC, eine Playstation, einen Fernseher mit einer großen Sammlung DVDs etc.

Die Lehrerin wendet sich an die Schulsozialarbeiterin und gibt ihr die obigen Informationen weiter. Nach einem Gespräch mit Hakan und der Mutter leitet sie den Fall an das Sozialzentrum im Quartier weiter. Der Sozialarbeiter, Herr Kreisig, beschließt, eine KOFA-Intervention einzuleiten.

In den nachfolgenden Kapiteln sind viele Übungen – häufig mit dem Fall Hakan – eingestreut, die in Trainingsgruppen oder Teams gemacht werden können. Für die Übungen gelten einige Spielregeln, die helfen, den Lerneffekt von Übungen zu verbessern. Sie nehmen Grundprinzipien der Methodik in der Übungsanlage auf.

Spielregeln für Übungen

> *In der praktischen Arbeit sollte man Fehler möglichst vermeiden – bei Übungen sind sie grundsätzlich willkommen!*

> *Jede(r) kommt – wenn möglich in verschiedenen Rollen – an die Reihe.*

> *Jemand übernimmt die Leitung*
> - *verteilt die Rollen (Fachperson, Kinder, Eltern, Beobachter/in etc.)*
> - *überwacht die Zeit, macht Stopps, wenn sinnvoll, und achtet auf Tempo*
> - *leitet die Feedbackrunde.*

> *Menschen lernen von positiven Feedbacks (TOPS) und von Ideen, Anregungen für Verbesserungen (TIPPS).*

> *Es gelten folgende Feedbackregeln*

Zuerst Fragen an die Fachperson in der Übung:
- Was hast du gut gemacht?
- Was war hilfreich für das Gegenüber?

Dann Fragen an die Beobachterinnen/Beobachter:
- Was hat die Fachperson in ihrer Rolle gut gemacht (2 TOPS)?
- Was könnte die Fachperson besser machen (1-2 TIPPS)?

Abschließend Fragen an das Familienmitglied/die Familienmitglieder
- Was war hilfreich, angenehm (2 TOPS)?
- Was war schwierig, unangenehm, was könnte die Fachperson besser machen (1-2 TIPPS)?

> Übung zum Fall Hakan (nach den Spielregeln von S. 72)
>
> *Rollenspiel in einer Kleingruppe*
> Laden Sie (in der Rolle als Sozialarbeitende einer zuweisenden Stelle) das Formular BI herunter und füllen Sie es zusammen mit der Familie von Hakan aus. Die Rolle von Mutter Totü und Hakan wird von zwei Personen der Gruppe übernommen. Überlegen Sie, welche KOFA-Modulvariante indiziert erscheint.
>
> *Feedback*

Der Beginn der Hilfe

Der Start in der Familie ist von «überstrahlender» Bedeutung für den Hilfeprozess und muss aus diesem Grund besonders gut vorbereitet und begleitet werden. Der erste konkrete Kontakt der Fachperson mit der Familie dient dem Aufbau einer vertrauensvollen Arbeitsbeziehung. Familienarbeitende halten sich deshalb an einige Regeln und respektieren kulturelle Gewohnheiten:

> Sie benehmen sich als Gast und fragen um Erlaubnis für das, was sie tun wollen.

> Sie kleiden sich korrekt und sorgfältig.

> Sie sind respektvoll und konkret im sprachlichen Ausdruck und vermeiden etikettierende Aussagen und eine Fachsprache.

> Sie achten auf ihre Position in der Familie und sorgen dafür, dass sie der Familie resp. einzelnen Familienmitgliedern nicht als «Feind» gegenüber stehen (mehrseitige Parteilichkeit).

Einführung per Telefon

Am Tag, an dem die Hilfe beschlossen wurde, nimmt die KOFA-Fachperson telefonisch Kontakt mit der Familie auf. Hier fängt der Aufbau der Arbeitsbeziehung an. Es geht in diesem Erstkontakt darum, sich selber und KOFA kurz vorzustellen und einen ersten Termin zu vereinbaren. Die Fachperson führt aus, wie der Auftrag lautet, den sie erhalten hat, und erläutert, was das Hauptziel der KOFA-Intervention sein wird. Die Fachperson bringt in Erfahrung, was die Familie bereits über die Hilfe weiß und ob die Hilfe den Erwartungen der Familie entspricht. Wenn dies nicht der Fall ist, zeigt die Fachperson Verständnis und verweist auf das erste Gespräch. Dieses wird so angesetzt, dass möglichst alle Familienmitglieder anwesend sein können.

Erstkontakt mit der Familie

Die Fachperson erscheint pünktlich zum vereinbarten Termin. Sie wartet auf die Einladung einzutreten, sich zu setzen etc. Es wird geklärt, ob und wer gesiezt und wer geduzt werden soll (Grundregel: Erwachsene siezen, Kinder und Jugendliche duzen). Der Einstieg erfolgt über allgemeine Themen resp. Smalltalk: das Wetter, der Weg zur Familie, das Quartier etc.

Ein wichtiges Ziel beim Erstkontakt ist die Beruhigung und Information der Familienmitglieder: in einer Krisensituation fühlt sich die Familie überfordert, bei Problemen in der Familie ist sie belastet und verunsichert. Häufig besteht das Gefühl, dass alle gegen die Familie eingenommen sind und dass die Familie nicht verstanden wird. Und die Vorstellung, dass in den nächsten Wochen eine fremde Person häufig in der Familie präsent sein wird, kann stark beunruhigen. Die Fachperson zeigt Verständnis für die Verunsicherung und lässt Raum für Fragen und für die Schilderungen der aktuellen Situation durch die Familie. Sie macht deutlich, dass sie mit der Familie an den Themen, die zur Krise und zu den Belastungen geführt haben, arbeiten will, dass sie schauen will, wo genau die Probleme liegen und was die Familie anders machen kann. Sie erläutert, dass sie den Familienmitgliedern helfen will, neue Möglichkeiten zu lernen und zu erproben. Sie erwähnt auch, dass die Familie sehr vieles ganz gut macht, dass sie schon viel unternommen hat, damit es besser geht und dass dies eine gute Basis für die Zusammenarbeit darstellt. Die Fachperson vermeidet Begriffe wie Intervention, Behandlung, Therapie. Sie achtet auf nonverbale Zeichen der Familienmitglieder und geht auf Anzeichen von Angst und Misstrauen situationsadäquat ein.

Dort, wo die KOFA-Intervention unfreiwillig erfolgt, ist es wichtig, dass die KOFA-Fachperson ihre Mehrparteiigkeit betont und die Sicht der Familie zur Kenntnis nimmt. Sie will unterschiedliche Sichtweisen kennen lernen und damit zum Wohl der Familie arbeiten.

> *Beispiel*
> *In der Familie Totü nimmt die KOFA-Fachperson – Frau Jauss – telefonisch Kontakt auf. Hakan nimmt das Telefon ab und will zuerst die Mutter nicht ans Telefon rufen: er könne das gut mit Frau Jauss besprechen. Sie besteht aber darauf, mit der Mutter zu sprechen. Mit Frau Totü wird der erste Termin für Mittwoch um 16 Uhr vereinbart. Am Telefon erklärt Frau Jauss bereits, dass es um eine sechswöchige Intervention geht. In dieser wird geprüft, wo im Moment die Probleme liegen und wie gewisse Dinge verändert werden können.*
>
> *Frau Jauss wird freundlich empfangen mit Tee und Gebäck. Dann sagt Hakan, dass er sicher nicht ins Heim gehe, wie der «Sozi» angedroht habe. Und auch die Mutter sagt, dass sie nie einwilligen wird, dass Hakan von ihr weg müsse. Der Sozialarbeiter, Herr Kreisig, verstehe sie nicht und finde sie eine schlechte Mutter. Frau Jauss nimmt die Ängste ernst und sagt: «Ich höre, dass Sie und Hakan möchten, dass Hakan zu Hause bleiben kann. Das möchte Herr Kreisig sicher auch, aber er sieht auch gewisse Schwierigkeiten. KOFA kann genau da helfen. Ich will mit Ihnen schauen, was nötig ist, damit Hakan zu Hause bleiben kann.»*

Themen für den Erstkontakt

Im Erstkontakt gibt es eine Reihe von Themen, die verbindlich angesprochen werden müssen:

> *Informationen über KOFA*
> Was ist KOFA, was ist für die Familie geplant, wie häufig wird die Fachperson etwa in der Familie sein, wie lange etc. Die Fachperson lädt ein, Informationsfragen zu stellen und weist darauf hin, dass auch später noch Fragen geklärt werden können.

> *Anlass für die KOFA-Intervention*
> Die Fachperson erläutert auf der Basis des Formulars BI, welche Probleme ausschlaggebend für die Anmeldung zum KOFA-Programm waren und bittet die Familienmitglieder um Ergänzungen und Anmerkungen.

> *Klärungen zur Rolle der Fachperson*
> Die Fachperson hat von der zuweisenden Stelle den Auftrag bekommen, gemeinsam mit der Familie gewisse Abklärungen vorzunehmen resp. bestimmte Veränderungen/Ziele zu erreichen. Sie lädt die Familie ein, ihre Sicht zu erläutern.

> *Information über eine wichtige Grundregel*
> Die Fachperson und die Familie arbeiten in einem geschützten Rahmen. Wenn Informationen weitergegeben werden (z. B. in Zwischen- und Schlussberichten), wird die Familie vorher einbezogen. Wenn es um die Sicherheit in der Familie, um das Kindeswohl oder um die Gewährleistung der Hilfe geht, können Informationen ohne Zustimmung, aber im Wissen der Familie an die zuweisenden Instanz weitergeleitet werden.

> *Hinweis auf die konkrete Hilfe*
> Die KOFA-Fachperson will Hilfe im Alltag leisten, und manchmal wird sofort damit begonnen, indem z. B. die Küche aufgeräumt oder für das Nachtessen eingekauft und gekocht wird.

> *Konkrete Terminplanung*
> Besuchsintensität, Besuchszeiten und nächste Termine werden vereinbart.

Beispiel

Nachdem Frau Jauss über die Möglichkeiten von KOFA informiert hat, stellt vor allem Hakan viele Fragen. Er will wissen, was mit den Informationen genauer passiert, die Frau Jauss sammelt, mit wem sie sprechen will und was er dann dazu zu sagen hat. Die Mutter ist eher passiv, hört aber genau zu. Sie will wissen, ob Hakans Vater auch einbezogen wird, worauf Hakan sehr wütend wird. Frau Jauss beruhigt ihn und sagt, dass sie die nächsten Schritte gemeinsam planen werden. Sie versichert, dass keine Informationen an Dritte weitergeleitet werden, ohne dass Frau Totü und Hakan informiert und einverstanden sind. Gemeinsam werden die Termine für die ersten zwei Wochen vereinbart. Frau Jauss dankt für den freundlichen Empfang, macht Frau Totü ein Kompliment für die schöne Wohnung und ihre Bereitschaft, aktiv mitzuarbeiten. Sie dankt Hakan für seine Dolmetscherdienste, bemerkt auch, dass die Mutter eigentlich genug gut deutsch spricht, um sich mit ihr zu verständigen. Er könne aber gerne helfen, wenn nötig. Sie verlässt die Familie in guter Stimmung.

9 Sammeln und Analysieren von Informationen

Die Kontakte mit einer Familie dienen in der ersten Phase primär der Datensammlung. Für diese Aufgabe stellt KOFA eine Reihe von Instrumenten bereit, die wir im Kapitel 9.3 vorstellen werden. Das Sammeln und Analysieren von Informationen verlangt aber zu allererst, dass die KOFA-Fachperson über folgende professionelle Fähigkeiten verfügt und diese adäquat in der Arbeit mit Familien anwenden kann:

> *Fähigkeiten zur klientgerechten Gesprächsführung*
> *Fähigkeiten, Informationen in beobachtbaren Situationen zu sammeln*

In den KOFA-Trainings wird deshalb auf die Erweiterung der Kompetenz zur Gesprächsführung und zur Beobachtung besonderes Gewicht gelegt. Im Kapitel 9.1 stellen wir einige Grundlagen zur Gesprächsführung, im Kapitel 9.2 zur Beobachtung dar. Diese Fähigkeiten sind besonders zentral neben anderen Basisfähigkeiten wie Theoriebezug, Reflexion, Kooperation, Text- und Datenverarbeitung, die unabhängig von der Kompetenzmethodik in jedem Praxisfeld der Sozialen Arbeit zur Anwendung gelangen.

9.1 Gesprächsführung

Grundregeln
Die KOFA-Fachpersonen haben die Aufgabe, mehrere Gespräche in verschiedenen Settings und mit verschiedenen Personen zu führen. Die Gespräche dienen der Informationssammlung und dem Austausch von Informationen. Mit ihrer Art der Gesprächsführung dienen die Fachpersonen aber auch als Modell für die Familienmitglieder: diese können durch Nachahmung lernen, auf eine gute Art miteinander zu kommunizieren.

Für die Gesprächsführung können die nachstehenden Grundregeln hilfreich sein (vgl. Spanjaard & Haspels, 2005). Die Beispiele stammen aus Gesprächen der KOFA-Fachperson, Frau Jauss, mit Hakan (13 Jahre) und seiner Mutter, Frau Totü.

> *Professionelle verwenden eine klar verständliche und adressatengerechte Sprache ohne Fremdwörter.*
> *Sie achten auf eine einladende Körperhaltung und auf Augenkontakt.*
> *Sie ermutigen das Gegenüber, nicken, machen Pausen und lassen Pausen zu.*
> *Sie fragen nach konkreten Situationen und Ereignissen und laden ein zu einer genauen Beschreibung von Verhalten in Situationen.*
> **Beispiel:** Als das Mädchen aus Hakans Zimmer kam, wie war das genauer? Können Sie beschreiben, was vorher passierte? Was haben Sie dann gesagt oder getan?

> *Sie vermeiden bewertende Aussagen und stellen keine Warum-Fragen. Diese verleiten das Gegenüber zu einer Verhärtung seiner Erklärungen, was aus der Einzelperspektive selten hilfreich ist.*

> *Sie bitten um Klärung, wenn eine Aussage des Gegenübers unklar ist.*
  Beispiel: Kannst du das genauer beschreiben, Hakan? Ich verstehe nicht ganz, was du gemeint hast mit «sie war einverstanden».

> *Sie stellen offene Fragen. Sie vermeiden Suggestivfragen.*
  Beispiel: Können Sie mir erzählen, wie es Ihnen dabei ging? Wie haben Sie sich gefühlt? Nicht: Das hat Sie sicher sehr besorgt gemacht, als die Lehrerin sagte, Hakan könne so nicht mehr in der Schule bleiben.

> *Sie achten auf nonverbale Zeichen bei sich selber und beim Gegenüber. Sie beachten sorgfältig die Kongruenz zwischen verbalen und nonverbalen Zeichen.*
  Beispiel: Frau Jauss sagt: Ich verstehe sehr gut, dass Sie wollen, dass Hakan es schön hat zuhause. Nonverbal sendet sie: Oh nein, verwöhnen Sie den Jungen doch nicht so!

> *Sie hören aktiv zu, d.h.:*
  - Sie lassen das Gegenüber ausreden und bleiben bei den Themen, die vom Gesprächspartner angeschnitten wurden.
  - Sie fassen Inhalte immer wieder zusammen (paraphrasieren auf der Sach- und auf der Beziehungsebene) und vergewissern sich, dass Sie das Gegenüber richtig verstanden haben.
  Beispiel: Sie haben gesagt, dass Sie geschwiegen haben, als Hakan nach diesem Vorfall aus seinem Zimmer kam. Habe ich das richtig verstanden?

> *Sie reflektieren resp. spiegeln Gefühle des Gegenübers, interpretieren aber nicht hinein.*
  Beispiel: Als Hakan Sie geschlagen hat, waren Sie da vor allem traurig? Habe ich das richtig herausgehört?

Fragetypen

Aus der systemischen und lösungsorientierten Gesprächsführung können bestimmte – für das Gegenüber eher ungewohnte – Arten des Fragens übernommen werden.

Es folgen einige Beispiele – die Liste beansprucht keine Vollständigkeit, zeigt aber einige wichtige Typen auf, die sich mit anderen Fragearten erweitern lassen (z. B. aus dem lösungsorientierten Ansatz,). Die zirkuläre Frageform – die Frage nach der Einschätzung durch eine dritte Person – kann sehr hilfreich sein, die Kodierung eines Problems zu verändern, und zwar kognitiv und emotional. Der virtuelle Positionswechsel – sich in die Rolle und Position eines Gegenübers hineinversetzen – kann zu einer neuen Perspektive auf die eigene Person oder das Problem verhelfen, das im Zentrum steht. Die Beispiele beziehen sich wieder auf den Fall Hakan.

> *Zirkuläre Frage nach der Problemdefinition*
  Beispiel: Frau Totü, was denken Sie, wie die Lehrerin das Verhalten von Hakan sieht?

> *Zirkuläre Frage nach Vergleichen/Ähnlichkeiten*
  Beispiel: Hakan, was denkst du, wer von euch beiden mehr unter den Schulproblemen leidet – deine Mutter oder du?

> *Zirkuläre Frage nach einer Erklärung*
  Beispiel: Frau Totü, was denken Sie, wie Hakan sich erklärt, dass er Sie geschlagen hat?

> *Zirkuläre Frage nach einer Zustimmung*
  Beispiel: Hakan, wer in deiner Klasse würde zustimmen, dass du ein schlechter Schüler bist?

> *Zirkuläre Frage nach Alternativen*
  Beispiel: Wenn ein guter Freund dir empfiehlt, statt mit deiner Mutter zu streiten etwas anderes mit ihr zusammen zu machen, was würdet ihr dann tun?

> *Hypothetische Frage*
  Beispiel: Hakan, gesetzt der Fall, dein Bruder würde wieder bei seiner Mutter und bei dir leben wollen, wie würde sich deine Beziehung zu deiner Mutter verändern?

> *Frage nach Ausnahmen*
  Beispiel: Was machst du zuhause, wenn du und deine Mutter euch nicht streitet?

> *Lösungsfrage*
  Beispiel: Frau Totü, was wünschen Sie sich, was Hakan machen soll, damit Sie weniger Konflikte haben? Oder: Hakan, was möchtest du, dass die Lehrerin tut, damit du gerne zur Schule gehst?

> *Skalierungsfrage*
  Beispiel: Frau Totü, was denken Sie, wie viel Prozent Hakan zur Problemlösung beitragen kann und wie viel Sie selbst?

> *Zukunftsfrage*
  Beispiel: Hakan, was möchtest du für die Zukunft behalten, was in der Vergangenheit gut war und jetzt gut ist? Woran würdest erkennen, dass die Dinge besser geworden sind?

Beobachtung aus zweiter Hand

Eine besondere Gesprächstechnik wird als «Beobachtung aus zweiter Hand» bezeichnet (vlg. Spanjaard & Haspels, 2005, S. 62). Wenn Fachkräfte nicht selber in einer bedeutsamen Situation anwesend waren und direkt beobachten konnten, sind sie darauf angewiesen, dass die Familienmitglieder erzählen, was passiert ist. Diese Erzählungen durch Familienmitglieder sind häufig sehr subjektiv, ungenau und unvollständig. Die Gesprächstechnik «Beobachtung aus zweiter Hand» versucht, durch gezieltes Fragen ein möglichst genaues Bild der Situation aus den Schilderungen des Gegenübers zu gewinnen. Hilfreich kann es sein, dafür das Bild einer

Kamera zu benutzen. Auch ein Zeitbalken und Visualisierungen (eine Art Comic-Geschichte) können helfen, den Ablauf der Situation zu beschreiben.

> *Beispiel*
> *«Hakan, erzähl doch möglichst genau: was hätte eine Kamera aufgezeichnet, wenn eine in deinem Zimmer dabei gewesen wäre, als das mit Gina passierte». «Ja, so kann ich es mir schon sehr gut vorstellen – gibt es noch mehr?» «War vorher auch noch was?» «Kann das die Kamera gesehen haben oder hast du das in dem Moment gedacht?» «Wie ging es dann weiter?»*
>
> *Eine Visualisierung der einzelnen Szenen auf einem Flipchart (ähnlich wie in einem Comic) oder Kurztitel der einzelnen Sequenzen auf farbigen Papierstreifen können den Beschreibungsprozess hilfreich unterstützen.*

3-Dimensionen-Technik

Dies ist eine Gesprächstechnik für heikle Themen (z. B. Sexualität, Sucht, Gewalt), die sowohl für das Sammeln wie auch für das Geben von Informationen genutzt werden kann (Slot & Spanjaard, 2003, S. 88). Es geht darum, Themen zunächst auf einer allgemeinen Ebene zu besprechen und nötiges Wissen dazu zu vermitteln. So können Familienmitglieder ein Stück weit von ihren Problemen entlastet werden («es geht auch anderen so») und müssen sich nicht gleich auf eine sehr persönliche Ebene einlassen.

Abbildung 5: 3-Dimensionen-Technik

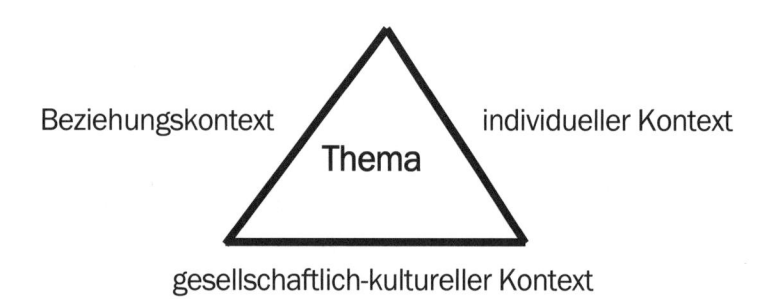

Beziehungskontext — individueller Kontext — Thema — gesellschaftlich-kultureller Kontext

Slot & Spanjaard (2003, S. 89) umschreiben in fünf Schritten, wie mit der Technik gearbeitet werden kann.

> **Schritte der 3-D-Technik**
>
> 1. *Thema*
>   Erläutern Sie dem Gegenüber, dass es ein Thema gibt (bei Hakan z.B. das Thema Beziehungen zu Mädchen, Sexualität, Freiheit und Zwang), über das Sie mit ihm sprechen möchten.
>   **Beispiel:** Hakan, hast du 20 Minuten Zeit für mich? Ich möchte mit dir gerne über ein wichtiges Thema sprechen. Ist das für dich jetzt okay?
> 2. *Allgemeine Informationen und Daten (gesellschaftlich-kultureller Kontext)*
>   Geben Sie Informationen über eine durchschnittliche Mutter, einen durchschnittlichen Vater, einen normalen Jugendlichen etc., über Drogenkonsum, über Medikamente etc.
>   **Beispiel:** Aus Untersuchungen ist bekannt, dass Mädchen im Vergleich zu Buben früher sexuelle Beziehungen aufnehmen. Hast du das gewusst? Was könnte das bedeuten im Kontakt zu Mädchen?
> 3. *Beziehungskontext*
>   Bringen Sie anschließend Personen aus dem Umfeld ins Spiel. Fragen Sie nach Freunden, anderen Eltern, Nachbarn etc.
>   **Beispiel:** Du verkehrst ja auch mit älteren Jungs. Hast du eine Idee, ob die schon mit Mädchen intensiver geschmust haben? Sprecht ihr darüber, wenn ihr euch trefft?
> 4. *Individuelle Ebene*
>   Kommen Sie dann auf die persönliche Ebene. Fragen Sie nach eigenen Erfahrungen, nach der persönlichen Einschätzung, Bewertung, Haltung etc.
>   **Beispiel:** Wie ist das dann bei dir? Welche Erfahrungen hast du schon mit Mädchen gemacht? Wie ging es dir dabei? Hast du das Gefühl, dass das für die Mädchen auch okay war?
> 5. *Abschluss*
>   Bringen Sie in Erfahrung, ob es noch Fragen gibt und/oder ob ein Problem besteht. Fragen Sie nach, ob die Person mehr zum Thema wissen möchte, wie es ihr jetzt geht etc.
>   **Beispiel:** Was meinst du: möchtest du noch mehr wissen? Was könnte ich dir ein nächstes Mal mitbringen oder zeigen, um dich sicherer zu machen im Umgang mit Mädchen?

Die 3-D-Technik hat einige Vorteile, die im Gespräch mit den Familienmitgliedern genutzt werden können – immer unter Beachtung der Grundregeln, wie wir sie oben für die Gesprächsführung generell dargestellt haben. Die Technik kann als die kleine Schwester psychoedukativer Ansätze für den Alltag bezeichnet werden, d.h. als Methode, Familienmitglieder mit wichtigen Informationen zu versorgen. Für Gespräche, in denen diese Technik eingesetzt wird, müssen die Fachkräfte gut vorbereitet sein. Es kann unterstützend sein, Materialien (Zeitungsausschnitte, Bilder, eine Tabelle, ein Buch u.Ä.) zur Verfügung zu haben und sie allenfalls auch abzugeben. Die Technik ist sehr hilfreich, gewisse Themen zu enttabuisieren, dadurch dass Fakten und Informationen weitergegeben werden. Diese Hinweise stellen das individuelle Verhalten, Denken und Fühlen in einen größeren Kontext. Die Technik muss aber sehr dosiert und nicht «inszeniert» eingesetzt werden. Das Gespräch soll so natürlich wie immer möglich verlaufen.

Übung: Gespräch mit der 3-D-Technik (nach den Spielregeln von S. 72)

Rollenspiel in einer Kleingruppe
Bereiten Sie ein Gespräch mit Frau Totü vor, in dem Sie mit ihr über die sexuellen Erfahrungen von Hakan sprechen möchten und über ihre Verantwortung dabei.

Bereiten Sie sich auf das Gespräch vor, indem Sie Daten zum Thema sammeln. In diesem Fall ist es z. B. wichtig, dass Sie sich über Männer- und Frauenrollen in der Türkei informieren. Überlegen Sie sich den Gesprächsablauf. Führen Sie das Gespräch.

Feedback

Die wichtigsten Grundregeln für die Gesprächsführung auf einem Blick

1. Sich auf Gespräche vorbereiten – geeignete Fragetypen überlegen.
2. Offene Fragen stellen: was war, wie, mit wem und wo?
3. Nicht bewerten (nicht verbal und nicht nonverbal) – keine Warum-Fragen stellen.
4. Wenn sinnvoll: die 3-D-Technik einsetzen und sich thematisch spezifisch vorbereiten.
5. Immer wieder paraphrasieren, d.h. die Aussagen kurz zusammenfassen und visualisieren.

9.2 Beobachtung

Die Beobachtung spielt in der aufsuchenden Familienarbeit eine zentrale Rolle. Die Präsenz in der Familie bietet eine Fülle von Möglichkeiten, die z. B. bei einer Beratungsstelle, in der Schule oder im Heim nicht gleichermaßen gegeben sind. Die Fachperson nimmt teil an wichtigen Ausschnitten des Alltagslebens und kann die Interaktionen zwischen den Eltern, zwischen Eltern und Kindern sowie zwischen den Geschwistern eins zu eins beobachten. Zudem besteht die Chance, Verhalten in unterschiedlichen Situationen und zu unterschiedlichen Zeiten zu erfassen. Diese Möglichkeiten werden in einer KOFA-Abklärung sehr intensiv genutzt: ein Aufenthalt in der Familie dauert ca. zehn ununterbrochene Stunden. In den beiden anderen Modulen ist die Präsenz in der Familie weniger lang, aber so gewählt, dass wichtige Situationen und alle

wichtigen Personen beobachtet werden können (z. B. durch Einsätze am Wochenende und am Abend).
Beobachtung ist eine Forschungsmethode. Weil es zur Beobachtungen eine breite forschungsmethodischen Literatur gibt, verzichten wir hier auf weitergehende Ausführungen. Für die Arbeit mit Familien folgen einige Hinweise auf die Systematisierungen von Beobachtungen.

Definition/Möglichkeiten

Die professionelle Beobachtung unterscheidet sich vom alltäglichen «Zuschauen» durch die bewusste und theoriegeleitete Fokussierung auf bestimmte Situationen und Personen. Die Daten werden nicht nur visuell, sondern auch über den Gehör- und Geruchssinn aufgenommen. Mit Hilfe gezielter Beobachtungen können lediglich Begebenheiten im Hier und Jetzt beschrieben werden – Einstellungen, Deutungen, Wunschvorstellungen etc. können nicht ohne weiteres beobachtet werden.

Die Beobachtung greift als wenig invasives Verfahren der Datenerhebung kaum in soziale Prozesse ein. Die Situationen sollten sich so unverstellt wie möglich präsentieren, wobei die Präsenz der beobachtenden Fachperson die Situation immer auch verändert. Deshalb ist dieser Punkt zu beachten und in der Auswertung mit den Familienmitgliedern zu besprechen.

Mit Hilfe von systematischen Beobachtungen können verschiedene Bereiche erfasst werden: konkretes Verhalten von Personen, Motorik, Sprache, Gestik, Mimik, Interaktionen zwischen Personen, aber auch die Ausstattung von Räumen, Gerüche etc. Beobachtung ist zudem bedeutsam bei Personen mit eingeschränkten Kommunikationsfähigkeiten: Säuglingen und Kleinkinder, Eltern mit einer leichten geistigen Behinderung oder in einer psychischen Krisensituation.

Beobachtung ist vorerst immer subjektiv und gebunden an die Fähigkeiten der beobachtenden Person zum Perspektivenwechsel. Eine fundierte theoretische Grundausbildung, gezielte Weiterbildungen zum Thema Beobachtung sowie eigentliche Beobachterschulungen in den KOFA-Trainings und in den Teams sind unabdingbar für eine systematische, theoriegeleitete Beobachtung. Um die Subjektivität der Beobachtung zu verringern, arbeitet die KOFA-Methodik mit Rastern, mit denen die Beobachtung auf bestimmte Kategorien gelenkt werden kann. Dies erleichtert die Kommunikation mit anderen Personen (mit Familienmitgliedern, mit der Teamleitung, mit Kolleginnen und Kollegen in den Fallbesprechungen und in der Supervision, siehe Kasten).

> *Woran merkst du das?*
>
> *Das Sammeln von Informationen ist immer geprägt von der subjektiven Wahrnehmung. Die zur Verfügung stehenden KOFA-Instrumente wollen diese Subjektivität verringern: Sie strukturieren die Wahrnehmung und erleichtern den Austausch über das gesammelte Datenmaterial. Die kommunikative Validierung (Flick, 2002, S. 325) und die Triangulierung (a.a.O., S. 330) schärfen den eigenen Blick und erlauben eine fortschreitende Differenzierung und Operationalisierung der Dimensionen in den jeweiligen Erhebungsrastern. Die Frage «Woran merkst du das?» kann sehr hilfreich sein, Beobachtungsmaterial im Kontakt mit Dritten zu objektivieren.*

Vorbereitung und Durchführung von Beobachtungen in Familien

KOFA-Fachpersonen bereiten sich mit Hilfe der KOFA-Instrumente auf die systematische Beobachtung vor und überlegen sich, in welchen Settings sie was beobachten wollen. Je nach Situation machen sie im Voraus klar, dass sie jetzt eine bestimmte Situation beobachten wollen (offene Beobachtung), oder sagen im Nachhinein, dass sie beobachtet haben (verdeckte Beobachtung). Auch können sie in der zu beobachten Situation selber aktiv engagiert sein (teilnehmende Beobachtung) oder bewusst außerhalb der Situation bleiben. Ob Beobachtungen zum gleichen Thema mehrmals gemacht werden oder nur einmalig, muss von Fall zu Fall entschieden werden. Es ist wichtig, nicht zu viele Kategorien gleichzeitig zu beobachten, was in der Regel bedeutet, dass zum gleichen Themenbereich mehrmals beobachtet werden muss.

Die KOFA-Instrumente erleichtern die Verarbeitung von Beobachtungsdaten. In der Regel werden die Beobachtungen mit Bleistift in den Rastern festgehalten und zu einem späteren Zeitpunkt im Blick auf die Ableitung von Zielen und Arbeitspunkten ausgewertet (siehe Kap. 10).

Die wichtigsten Beobachtungsregeln auf einem Blick

1. Die Familien informieren, dass immer wieder beobachtet wird, was in der Familie abläuft. Zusichern, dass Beobachtungen mit der Familie besprochen werden.
2. Die Beobachtung sorgfältig vorbereiten und überlegen, welche Kategorien aus welchem Formular beobachtet werden sollen.
3. Situationen/Verhalten in Form beobachtbarer Fakten beschreiben: was war wie wo, was hat wer wie gemacht oder gesagt hat etc. Interpretationen (Erklärungen, Hypothesen, Bewertungen) vermeiden resp. deutlich kennzeichnen.
4. Beobachtungen zur Validierung und Triangulierung mit Drittpersonen besprechen.

Beobachtung und Kontrolle

Auf einen Aspekt möchten wir speziell hinweisen: KOFA-Fachpersonen treten nicht als mehr oder weniger neutrale Forschungspersonen in eine Beobachtungssituation ein, sondern sie beobachten im Auftrag einer Behörde, die Antworten auf bestimmte Fragen zur Familie erhalten will. Es ist demzufolge verständlich, dass die Präsenz der Fachperson von der Familie auch als Bedrohung und als Kontrolle wahrgenommen wird. Umso wichtiger sind die Transparenz im Beobachtungsprozess und die adäquate Legitimation der Beobachtung gegenüber der Familie. Die Beobachtungsdaten werden mit der Familie besprochen, und es wird geklärt, was in welcher Form an wen weitergeleitet wird.

> *Beispiel*
>
> *Frau Totü berichtet, dass es regelmäßig Streitereien gibt, wenn sich Hakan am Abend mit Kollegen treffen will. Er kommt dann jeweils spät nach Hause und vernachläßigt die Hausaufgaben. Frau Jauss sagt, dass sie bei einem nächsten Besuch eine solche Situation beobachten will. Sie werde ihre Beobachtungen mit Frau Totü und Hakan besprechen.*
>
> *Die Familienarbeiterin bereitet sich vor auf eine Interaktionsbeobachtung mit dem Formular IA (Interaktionsanalyse). Sie hält sich in der Diskussion zwischen Hakan und seiner Mutter zurück und lässt sich auf keine Diskussion ein, wenn Hakan sie auffordert, etwas zu seiner kontrollsüchtigen Mutter zu sagen. Sie macht auf einem Zettel mit den Hauptkategorien des Formulars einige Notizen, die sie ergänzt, wenn Hakan das Haus mit einem Türknall verlassen hat und Frau Totü die Küche aufräumt.*
>
> *Beim nächsten Besuch diskutiert sie ihre Beobachtungen mit der Mutter und fragt, ob der Ablauf der Situation typisch ist. Als Frau Totü dies bestätigt, kündigt Frau Jauss an, bald mit ihr an Veränderungsmöglichkeiten zu arbeiten – sie wolle aber zuerst noch weitere Informationen sammeln.*

9.3 Instrumente für die Informationssammlung

Das Verfahren der Informationssammlung wird über eine Reihe von Instrumenten und Techniken gesteuert und dokumentiert. Diese werden nachfolgend aufgeführt und kurz kommentiert zusammen mit den Methoden und Techniken, die sich für die Arbeit mit dem jeweiligen Instrument eignen. Der Einsatz der Instrumente wird in den KOFA-Trainings systematisch geübt. In Cassée (2007, S. 86-133) werden die meisten Instrumente mit weiteren Fall- und Übungsbeispielen ausführlich dargestellt.

> ➢ Alle hier aufgeführten Instrumente können unter www.haupt.ch/KOFA oder unter www.kompetenzorientierung.ch heruntergeladen werden.

In den Instrumenten wird von einem Fokuskind gesprochen, wenn die Familienintervention um die Problemstellung eines bezeichneten Kindes in der Familie eingeleitet wurde, was häufig der Fall ist. Wenn kein Fokuskind bezeichnet ist, werden Aussagen und Einschätzungen bezogen auf alle in der Familie lebenden Kinder erhoben.

In der Informationsphase kommen (mit Ausnahme von bestimmten Tests bei gegebener Indikation) als Methoden nur Gespräche und Beobachtungen zur Anwendung. Alle Instrumente sind ausgerichtet auf die Eruierung von Ressourcen und Sammlung von so genannten Verbesserungspunkten, d.h. auf die Benennung von Themen und Bereichen, an denen in der Veränderungsphase gearbeitet werden kann.

Bei der Fallübernahme erhält die KOFA-Fachperson eine Familiendokumentation mit dem ausgefüllten Formular BI sowie mit den weiteren Instrumenten. Der Einsatz der einzelnen Instrumente – Auswahl Reihenfolge, methodisches Vorgehen – wird von der KOFA-Fachperson in Absprache mit der Teamleitung geplant. Nicht in allen Familien muss und kann mit allen Formularen gearbeitet werden: es findet eine sinnvolle Selektion statt, die aus der spezifischen Situation der Familien und dem Auftrag begründet werden kann.

Die mit Bleistift bearbeiteten Formulare und weitere Unterlagen, die in der Familie erarbeitet werden, bleiben in der Familiendokumentation und bilden die Grundlage für die Analyse und die Berichte.

Tabelle 8: Die KOFA-Instrumente im Überblick mit Kurzkommentar

Kürzel	Erläuterung
BI	Basisinformation für die Anmeldung: Formular, das in der Regel von der zuweisenden Instanz zusammen mit der Familie so vollständig wie möglich ausgefüllt wird. Es umfasst alle wesentlichen Informationen zur Familie, liefert die Grundlagen für die Indikation und enthält die Ziele, die aus der Sicht der zuweisenden Instanz mit der KOFA-Intervention verfolgt werden sollen. Das Formular - schafft Transparenz für alle Beteiligte - verkürzt das Anmeldeverfahren - liefert vergleichbare Fallinformationen und damit Grundlagen für die Evaluation - erlaubt die Überprüfung der Indikation - erleichtert den Entscheid über die Fallübernahme
LB	Formular zur Erfassung und Bewertung der Lebensbedingungen (Wohnverhältnisse, materielle Situation, Struktur des Alltags, physische und psychische Sicherheit, Erziehungsfähigkeit in einigen Punkten). - Beurteilung der Ressourcen und Risiken in den Lebensbedingungen der Familien speziell ausgerichtet auf die Sicherheit und das Wohl der Kinder
Eltern (M/V)	Informationen zur Situation und zur Problemsicht der Eltern. - Grundlage für die Zusammenarbeit mit den Eltern - Informationen über die Problemsicht und die Ressourcen sowie über die Veränderungswünsche und die Veränderungsbereitschaft

EKI 0-3	Differenzierte Analyse der Eltern-Kind-Interaktionen (für Familien mit Kindern im Alter zwischen 0 und 3 Jahren). - Grundlage für die Beurteilung der Basiskommunikationsfähigkeiten und der Erziehungsfähigkeiten von Eltern im Umgang mit einem Säugling resp. Kleinkind
Kinder	Informationen über das Erscheinungsbild des Kindes/des Jugendlichen sowie Informationen zur Situation der Kinder/Jugendlichen. - Grundlage für die Zusammenarbeit mit den Kindern - Information über die Problemsicht und die Ressourcen sowie die Veränderungswünsche und die Veränderungsbereitschaft
KP-Eltern	Überblick über die Bewältigung der Entwicklungsaufgaben durch die Eltern bezogen auf das Fokuskind resp. auf die Kinder. Es gibt verschiedene Formulare für die jeweiligen Altersphasen. - Grundlage für die Erfassung von Ressourcen und Risiken bezogen auf die Entwicklungsaufgaben - Auswahl von Entwicklungsaufgaben für die vertiefte Analyse mit Hilfe des Instruments DKA (diagnostische Kompetenzanalyse)
KP-Kinder	Überblick über die Bewältigung der Entwicklungsaufgaben durch das Fokuskind resp. die Kinder in der Familie. Es gibt verschiedene Formulare für die jeweiligen Altersphasen. - Grundlage für die Erfassung von Ressourcen und Risiken bezogen auf die Entwicklungsaufgaben - Auswahl von Entwicklungsaufgaben für die vertiefte Analyse mit Hilfe des Instruments DKA (diagnostische Kompetenzanalyse)
TR	Leitfaden zur Erfassung der täglichen Routine in der Familie inkl. Veränderungswünsche aus der Sicht der Eltern, der Kinder und der KOFA-Fachperson. - Grundlage für die Beurteilung der Struktur des Alltags und die darin enthaltenen Chancen und Risiken für Lernen und Entwicklung
IA	Analyse von problematischen Interaktionssituationen im Alltag der Familie. Das Formular beschreibt anhand der SRC-Struktur die Situation und leitet die Lernchancen resp. unerwünschte Lerneffekte daraus ab. - Grundlage für die Veränderung ungünstiger Interaktionssequenzen
NS/NK	Instrumente zur Beschreibung und Bewertung des sozialen Netzwerkes der Familienmitglieder. - Grundlage für die Einschätzung von Unterstützungsmöglichkeiten, von Ressourcen und Risiken im sozialen Nahraum

Fallbeispiel Hakan

Es folgt die Beschreibung, wie in der Familie Totü während der Informationsphase mit den Instrumenten (jeweils fett hervorgehoben) gearbeitet wurde.

> *Die erste Arbeitssitzung nach dem Erstkontakt: Formular* **Eltern M.**
> Im Gespräch mit der Mutter wurde ihre Arbeitssituation, ihre Gesundheit sowie die Beziehung zum Vater von Hakan diskutiert. Die Mutter berichtet von einer sehr belasteten Ehe mit Gewalt und von ihren Schlafproblemen. Sie sagt aus, mit ihrer Arbeitssituation nicht zufrieden zu sein. Sie sei am Abend häufig nicht da, dann könne Hakan machen, was er wolle. Sie beschreibt die aktuellen Probleme aus ihrer Sicht (Konflikte mit Hakan zu Hause und in der Schule), die im letzten halben Jahr immer schlimmer geworden sind. Sie wolle sich sehr für die Verbesserung der Situation einsetzen, speziell dafür, dass Hakan in der Schule und bei ihr zu Hause bleiben könne. Sie habe aber Angst, dass Hakan ins Heim müsse oder zum Vater.

> Die zweite Sitzung: Formular **Kinder**
> In der zweiten Sitzung findet mit Hilfe des Formulars Kinder ein Gespräch mit Hakan statt. Er ist eigentlich ziemlich zufrieden und sieht keine großen Probleme. Die Beziehung zum Vater und zum Bruder sei abgebrochen – das sei prima so. Er wolle vorerst mal nichts verändern.

> Nach der zweiten Sitzung: Formular **LB**
> Das Formular kann ohne weitere Gespräche auf der Basis von Informationen aus **Eltern** und **Kinder** sowie aus Beobachtungen ausgefüllt werden. Die zentralen Punkte, wo Veränderungsbedarf besteht, sind die Erziehungsfähigkeit der Mutter und die belastete Beziehung zum Vater und zum Bruder. Bei allen anderen Punkten sind die Lebensumstände in Ordnung, auch wenn die finanziellen Mittel eher knapp sind. Mit den Alimenten vom Vater, den Einnahmen aus ihrer Arbeit und Ergänzungen aus der Sozialhilfe kommt die Familie knapp durch. Die Mutter gönnt sich ganz wenig, weil sie will, dass Hakan alles bekommen kann, was er braucht resp. will.

> Die dritte Sitzung: Formular **IA**
> Die dritte Sitzung findet am Abend statt. Die KOFA-Fachperson beobachtet eine heftige Auseinandersetzung zwischen Mutter und Sohn und hält ihre Beobachtungen im Formular IA fest. Aus der Analyse ergeben sich Veränderungspunkte, die mit der Mutter im Umgang mit Hakan weiterverfolgt werden sollen.

> Die vierte Sitzung: Formular **KP-Eltern13-20**
> Die vierte Sitzung ist dem Kompetenzprofil der Mutter gewidmet. Gemeinsam mit der Mutter diskutiert die KOFA-Fachkraft die einzelnen Entwicklungsaufgaben und bemerkt, dass die Mutter Hakan noch stark als Schulkind und weniger als 13-jährigen, eher frühreifen Knaben wahrnimmt, der schon Schritte in die Selbständigkeit und in die Ablösung macht. Gemeinsam wählen sie folgende Entwicklungsaufgaben zur weiteren Bearbeitung aus: Ermöglichen von Autonomie, Unterstützung geben und Grenzen setzen, Sorge tragen zur eigenen Entwicklung. Die Mutter erhält die Hausaufgabe, sich selbst gut zu beobachten und an der nächsten Sitzung zu berichten, was sie bezogen auf diese Aufgaben bereits gut macht.

> Die fünfte Sitzung: **Formular KP13-20**
> In dieser Sitzung wird gemeinsam mit Hakan dessen Kompetenzprofil erarbeitet. Die KOFA-Fachkraft diskutiert mit ihm die Entwicklungsaufgaben, die sie einzeln auf Pa-

pierstreifen geschrieben hat. Weil Hakan gerade erst 13 Jahre alt ist und noch die 5. Klasse der Primarschule besucht, hat sie auch noch einige Aufgaben des Schulalters (7-12 Jahre) aufgelistet. Sie wählen als Aufgaben, die weiter bearbeitet werden sollen, die folgenden: Kontakt zu Gleichaltrigen/Freundschaften, Leistungsbereitschaft, Entwicklung eines Normgefühls, Entdecken der Sexualität, Ausgestaltung der männlichen Rolle, Gestaltung der freien Zeit, Umgang mit Autoritäten. Hakan erhält als Hausaufgabe, die ausgewählten Entwicklungsaufgaben nach Wichtigkeit zu ordnen und sich Gedanken zu machen, was er bereits gut macht.

> Die sechste Sitzung: Weiterarbeit mit der Mutter am **KP-Eltern 13-20**
Die Mutter schildert, was sie an sich beobachtet hat. Sie ist mit einigen Dingen zufrieden mit sich, schildert aber auch viele Punkte, die sie nicht gut bewältigt hat. Diese werden als Veränderungspunkte auf Papierstreifen notiert. Die Familienarbeiterin lobt die Mutter, wie sorgfältig sie sich mit der Aufgabenstellung auseinandergesetzt hat und wie genau sie sich beobachtet hat.
In dieser Sitzung bittet die KOFA-Fachperson die Mutter, die CBCL (Child-Behavior-Checklist, Arbeitsgruppe Deutsche Child-Behavior-Checklist, 1998a) auszufüllen. Sie unterstützt sie dabei, weil die Deutschkenntnisse der Mutter nur knapp ausreichend sind.

> Zwischen der sechsten und der siebten Sitzung
Besprechung mit der Lehrerin und der Schulsozialarbeiterin über die Situation in der Klasse, die schulischen Leistungen und das Sozialverhalten von Hakan sowie über die Veränderungswünsche aus schulischer Sicht.

> Die siebente Sitzung: Weiterarbeit mit Hakan am **KP13-20**
Hakan hat die Papierstreifen mit den ausgewählten Entwicklungsaufgaben nicht dabei. Er habe sie Kollegen in der Schule gezeigt und sie dann vergessen. Zusammen machen sie neue Streifen und diskutieren dabei, was er gut kann und wo er noch lernen könnte. Hakan ist ganz bei der Sache. Er ist zugänglich für kritische Fragen, die die Familienarbeiterin mit Hilfe der 3D-Technik gut einbettet. Nach einer guten Stunde liegen einige Verbesserungspunkte auf dem Tisch: Leistungsbereitschaft, männliche Rolle, Umgang mit Autorität.
Hakan erhält dann die Aufgabe, den Youth Self Report YSR 11-18 – die Variante für Jugendliche des CBCL (Arbeitsgruppe Deutsche Child-Behavior-Checklist, 1998b) – auszufüllen.

> Die achte Sitzung: Arbeit mit der Mutter zur täglichen Routine **TR**
Gemeinsam mit der Mutter wird der Tagesablauf besprochen, und es werden Veränderungswünsche aus der Sicht der Mutter erhoben. Die Familienarbeiterin hört, dass die Mutter rechtzeitig aufsteht und für Hakan das Frühstück und die Pausenverpflegung zubereitet. Sie kontrolliert resp. packt seine Schultasche mit den im Wohnzimmer umher liegenden Schulsachen, macht die Turnsachen bereit und weckt dann Hakan, der aber sehr spät aufsteht und nur ganz selten frühstückt. Auf Nachfragen gibt die Mutter zu erkennen, dass sie damit nicht zufrieden ist. Am Mittag läuft es ähnlich – Hakan setzt sich mit seinem Teller vor den Fernsehapparat und verlässt das Haus so rasch als möglich wieder. Nach der Schule kommt Hakan meist nicht nach Hause, und die Mut-

ter muss dreimal pro Woche um 17.30 Uhr zur Arbeit gehen. Sie stellt Hakan das Essen hin und trifft ihn häufig nicht an, wenn sie kurz nach 21 Uhr von der Arbeit heimkommt. Sowohl am Mittag wie auch am Abend möchte sie gewisse Dinge ändern.

Die Familienarbeiterin bespricht mit der Mutter die Ergebnisse der CBCL. Hakan zeige in fast allen Bereichen unauffälliges Verhalten. In gewissen Bereichen weicht er aber leicht vom Verhalten ab, das zu seinem Alter passen würde. Seine Schulprobleme sowie die verbale und körperliche Aggression seien problematisch – da wolle sie nun schauen, wie Hakan sich selber einschätzt.

> Die neunte Sitzung: Arbeit mit Hakan am *YSR*

Die Familienarbeiterin zeigt Hakan sein YSR-Profil, das in fast allen Bereichen innerhalb der Norm liegt. Hakan ist mathematisch sehr interessiert und will genauer wissen, wie die Berechnungen gemacht wurden. Sein Profil zeigt zwei Spitzen leicht über dem Normbereich: beim dissozialen und beim aggressiven Verhalten – das entspricht weitgehend der Einschätzung der Mutter. Die Familienarbeiterin fragt bei Hakan nach, was dieses Ergebnis für ihn bedeutet. Die Kurve, die er nun vor sich sieht, findet er «cool», aber er will wissen, was es bedeutet, wenn jemand über der Norm liegt. Es entsteht eine gute Diskussion über Normalität und Abweichung. Es wird eine gemeinsame Besprechung mit der Mutter geplant.

Zum Abschluss dieser Sitzung erarbeiten Hakan und die Familienarbeiterin auf einem Blatt Papier die Netzwerkkarte NK, auf der wichtige Personen im Umfeld in den Bereichen Familie, Schule, Freunde und professionelle Beziehungen eingetragen werden. Die Platzierung von Vater und Bruder am äußeren Rand des Blattes macht Hakan sichtbar Mühe. Die anschließende Diskussion zeigt auf, dass er den Bruder sehr vermisst und mit dem Vater vor allem deshalb keinen Kontakt haben will, weil die Mutter das nicht erträgt.

Mit der neunten Sitzung ist die Phase der Datensammlung in der Familie Totü vorerst abgeschlossen. Die Familienarbeiterin war innerhalb von zwei Wochen insgesamt 22 Stunden in der Familie.

Nachbereitung der Sitzungen

Nach jeder Sitzung in einer Familie füllt die KOFA-Fachperson möglichst rasch das Notizblatt aus. Es folgt ein Beispiel aus der sechsten Sitzung mit Frau Totü.

Arbeitsnotizen — NOTIZ

Familie: Totü	
Bearbeitet von: Cornelia Jauss	**Datum:** 23.01.2008
Präsenz in der Familie von	14.30 -16.15 Uhr

Anwesende Personen
Frau Totü

Aktivitäten/Themen/besondere Vorkommnisse/Klima
Nach der Begrüßung: Tee mit Gebäck. Frau Totü war «nervös», weil es über Mittag Krach mit Hakan gegeben hat.

Arbeit an folgenden Themen
Erarbeitung des Kompetenzprofils für die Mutter. Die Mutter ist engagiert dabei, will viel wissen, hat aber Mühe zu benennen, was sie gut macht und was Veränderungspunkte sein könnten.

Gemeinsames Ausfüllen der CBCL. Die Mutter macht gut mit und will wissen, wie es um Hakan im Vergleich zu anderen Jugendlichen seines Alters steht.

Eingesetzte Formulare/Techniken
KP-Eltern-13-20
CBCL
Zirkuläres Fragen

Neue Informationen
Ahmed, der Sohn, der beim Vater lebt, hat angerufen. Er möchte Hakan sehen, weil der jetzt aus der Schule fliegen soll. Die Mutter ist sehr ambivalent.

Nächster Besuchstermin und Abmachungen
Morgen um 16 Uhr. Dann Arbeit mit Hakan zu den gleichen Themen wie heute mit der Mutter.

Meine Gefühle
Die Sitzung ist gut verlaufen. Die Mutter hat Vertrauen zu mir und ist offen. Das stellt mich auf.

Fragen für Coaching/Intervision/Fallbesprechung
Soll der Bruder einbezogen werden? Und was ist mit dem Vater?

Dieses Notizblatt dient der laufenden Selbstreflexion und der Sitzungsplanung, und es bildet die Grundlage für Teambesprechungen und Fallcoachings. In einer KOFA-Fachstelle können die Notizblätter von mehreren Familienarbeitenden verglichen werden im Sinne der Selbstevaluation. Die Notizblätter werden in der Familiendokumentation abgelegt.

Fallbegleitung

Die KOFA-Fachpersonen werden bei ihren Familieneinsätzen intensiv begleitet: Besprechungen, Telefon- und Mailkontakte, Teamsitzungen und Supervision unterstützen die einzelnen Mitarbeitenden und sichern die Qualität der Arbeit.

> *Beispiel*
>
> *Nach Abschluss der ersten Woche in der Familie Totü fand eine halbstündige Besprechung zum Verlauf der Informationssammlung zwischen Frau Jauss und der Teamleiterin statt. In der zweiten Woche folgte ein kurzer telefonischer Kontakt mit der Teamleiterin, um zu besprechen, ob der Einsatz von CBCL und YSR Sinn machen würde. In der zweiten Woche wurde in einer Teamsitzung das Familiensystem analysiert, und es wurde besprochen, ob und wie der Bruder und der Vater einbezogen werden sollten.*

9.4 Aufbereiten der gesammelten Daten: Diagnostik und Berichte

Zum Abschluss der Informationsphase werden die gesammelten Daten in einer Gesamtschau ausgewertet und für den Zwischenbericht aufbereitet. In komplexen Fällen wird bezogen auf eine oder mehrere ausgewählte Entwicklungsaufgaben eine diagnostische Kompetenzanalyse erstellt.

9.4.1 Diagnostische Kompetenzanalyse DKA

Das Formular DKA bildet die sechs Faktoren der Kompetenz ab (Aufgaben, Fähigkeiten, interne Schutz- und Risikofaktoren, externe Schutz- und Risikofaktoren) und fordert dazu auf, die vorhandenen Informationen bezogen auf eine konkrete Entwicklungsaufgabe zu integrieren. Wenn sinnvoll können Ergebnisse aus Tests (z. B. Child Behavior Checklist CBCL, Intelligenztest, Schulreifetests, Checklisten zum Entwicklungsstand) sowie Aussagen weiterer Fachpersonen (Psychologinnen, Psychiater, Lehrpersonen etc.) in den Analysebogen eingeordnet werden als Schutz- oder Risikofaktoren, die für die Bewältigung der ausgewählten Aufgabe bedeutsam sind.

Die beschriebenen Faktoren in ihrem Zusammenspiel lassen eine Aussage darüber zu, ob die Kompetenzbalance im Gleichgewicht ist oder nicht. Auch kann aus der Analyse abgeleitet werden, an welchen Faktoren gearbeitet werden kann. Diese Schlussfolgerungen werden als Ziele resp. Verbesserungspunkte festgehalten. Die integrative Kompetenzanalyse kann auch deutlich machen, dass Informationen fehlen und auf diese Weise zur Sammlung weiterer Informationen anregen.

Die Kompetenzanalyse ist für viele Praktikerinnen und Praktiker gewöhnungsbedürftig, weil die systematische Fokussierung auf eine Entwicklungsaufgabe eine neue und ungewohnte Art der Informationsverarbeitung darstellt. Die Fachkräfte machen dabei die unerwartete Erfahrung, dass ein Schutzfaktor bei der einen Entwicklungsaufgabe zu einem Risikofaktor bei einer anderen Aufgabe werden kann.

> *Beispiel*
> *Die körperliche Kraft und das Draufgängertum von Hakan sind bei der Entwicklungsaufgabe «Gestalten freier Zeit» mögliche Schutzfaktoren, die positiv für die Aufgabenbewältigung im Sport genutzt werden können, während die gleichen Ressourcen für die Bewältigung schulischer Aufgaben nicht als Schutzfaktor wirken und für die Aufgabe «Aufnahme intimer Beziehungen» gar zu einem Risikofaktor werden können.*

Diese Fokussierung auf Aufgaben ist nicht nur diagnostisch bedeutsam, sie kann den Familienmitgliedern auch sehr einleuchtend dargestellt werden und die Veränderungsbereitschaft positiv beeinflussen. Im Kontakt mit betroffenen Eltern und Kindern kann die Einsicht vermittelt werden, dass nicht alle Aufgabenbereiche im Alltag von Problemen belastet sein müssen, sondern dass es Bereiche gibt, die von der Familie gemeinsam oder von jedem Familienmitglied für sich allein gut bewältigt werden. Nicht die Etikettierung und Problematisierung einer Person, sondern das Verhalten der Person in einer konkreten Situation unter konkreten Bedingungen und bezogen auf konkrete Aufgaben stehen im Zentrum. Auch dies ist eine Perspektive, die geübt werden muss. Wohl fühlen sich Familienmitarbeitende einer systemischen Denkweise und der Ressourcenorientierung verpflichtet, ihre Sprache (und damit ihr handlungsleitendes Denken) ist jedoch häufig problemorientiert, individualisierend und psychologisierend.

Die **DKA** kann für Kinder und Jugendliche aller Altersstufen sowie für Eltern/Elternteile – bezogen auf die elterlichen Entwicklungsaufgaben – erstellt werden. Das Formular lässt bewusst wenig Platz, damit die Familienarbeitenden sich auf wesentliche Informationen – immer bezogen auf die gewählte Aufgabe – beschränken.

Ausformulierung von erforderlichen Fähigkeiten

Weil die Entwicklungsaufgaben noch sehr abstrakt und generell formuliert sind, ist es nötig, die zentralen Fähigkeiten zu benennen, die zur Bewältigung einer Entwicklungsaufgabe erforderlich sind. Diese Operationalisierung soll auf sinnvolle Weise erfolgen – ohne Anspruch auf Vollständigkeit und Perfektion. Wichtig ist es, die Beschreibungen wirklich als Fähigkeiten zu formulieren: d.h. als Dinge, die Menschen denken, fühlen, tun und wollen können. Der Prozess der Operationalisierung ist im Gang – für das Jugendalter, d.h. für die Entwicklungsaufgaben für das Jugendalter (**EA 13 – 20Fähigk.**) liegt eine erste Version vor. Weitere Operationalisierungen werden folgen und können unter www.kompetenzorientierung.ch heruntergeladen werden.

> **Übung: Erstellen einer DKA**
>
> 1. Laden Sie das Formular **DKA** herunter und wählen Sie für Hakan eine Entwicklungsaufgabe aus, die Sie vertiefter analysieren möchten.
>   - Überlegen Sie zuerst, welche Fähigkeiten für die Bewältigung dieser Entwicklungsaufgabe benötigt werden (vergleichen Sie die Operationalisierung im Formular **EA 13-20Fähigk.**) und tragen Sie die wichtigsten Fähigkeiten am entsprechenden Ort im Formular ein).
>   - Beschreiben Sie, über welche Fähigkeiten Hakan bezogen auf diese Entwicklungsaufgabe verfügt.
>   - Überlegen Sie, welche individuellen Schutz- und Risikofaktoren für die Bewältigung der Aufgabe von Bedeutung sind, und tragen Sie diese ein.
>   - Überlegen Sie nun, welche externen Schutz- und Risikofaktoren von Bedeutung sind, und tragen Sie diese ein.
>   - Zeichnen Sie die Kompetenzbalance und formulieren Sie einen Satz dazu.
>
> 2. Schlussfolgerungen
>   - Welche Informationen fehlen noch? Wie können Sie diese beschaffen?
>   - Welche Schutzfaktoren (intern oder extern) könnten vermehrt genutzt werden?
>   - Welche Risikofaktoren (intern oder extern) könnten in ihrer Wirkung verändert oder abgeschwächt werden?
>
> 3. Leiten Sie aus Ihrer Analyse mögliche Veränderungsziele und Verbesserungspunkte ab.

9.4.2 Zwischenbericht

Für den **Zwischenbericht ZB** werden die Ergebnisse zu folgenden Bereichen übersichtlich dargestellt:

> *Problemsicht und Veränderungswünsche der Eltern und der Kinder sowie Aussagen zu den Ressourcen für die Problembearbeitung*

> *Überblick über die Lebensbedingungen der Familie mit starken Punkten und Verbesserungspunkten*

> *Kompetenzen der Eltern und der Kinder, jeweils mit Aussagen zu den starken Punkten und den Verbesserungspunkten*

> *Informationen aus anderen Systemen, von anderen Fachpersonen und aus Tests resp. aus quantitativen Verfahren wie CBLC etc.*

> *Aussagen zur gemeinsamen Problemsicht von Fachperson, Eltern und Kinder mit Aussagen zur Übereinstimmung resp. zum Dissens*

Der letzte Punkt des Zwischenberichts formuliert die Ziele und die nächsten Schritte. Mit dem Thema der Zielformulierung und der Erstellung eines so genannten Arbeitsplans befasst sich das Kapitel 10.

9.4.3 KOFA-Abklärung: Schlussbericht

Im Fall einer Abklärung ist mit der Sammlung und Analyse der Daten in der Informationsphase die Arbeit in der Familie abgeschlossen. Die KOFA-Fachperson erstellt den Schlussbericht (Formular **SB-Abkl.**), in dem die Fragen der zuweisenden Instanz beantwortet und eine Risikoeinschätzung vorgenommen wird. Der Bericht schließt mit Empfehlungen für nächste Schritte.

Im Bericht erfolgt neben den Punkten, wie sie oben für den Zwischenbericht aufgeführt sind, eine klar bewertende Risikoeinschätzung durch die Fachperson anhand der Kriterien im untenstehenden Formularauszug (vgl. Stadt Dormagen, 2001). Diese Risikoeinschätzung muss in jedem Fall mit der zuständigen Teamleitung sorgfältig diskutiert und validiert werden. Der Bericht wird vor der Weiterleitung an die zuständige Behörde mit den Eltern besprochen. Es ist evident, dass die Eltern nicht in jedem Fall mit der Risikoeinschätzung einverstanden sind. Ihre Einwände müssen als Ergänzungen dem Bericht beigefügt und ebenfalls der Behörde weitergeleitet werden.

Abbildung 6: Auszug aus dem Formular SB-Abkl. (Schlussbericht Abklärung)

10. Risikoeinschätzung (Zusammenfassung aus 6-9)			
	gut	**genügend**	**ungenügend**
Gewährleistung des Kindeswohls			
Problemakzeptanz			
Problemkongruenz			
Hilfeakzeptanz			

10 Ziele erarbeiten/einen Arbeitsplan erstellen

Gute Ziele

Die KOFA-Methodik arbeitet ausdrücklich zielorientiert und geplant. Die Erarbeitung von Zielen hat deshalb als Prozess und als Ergebnis einen hohen Stellenwert beim Abschluss der Informationsphase. Auch wenn im späteren Verlauf der Intervention weitere Ziele und Arbeitspunkte hinzukommen mögen, die ersten Ziele und der erste Arbeitsplan haben eine hohe symbolische Bedeutung: wenn es gelingt, mit der Familie gute Ziele herauszuarbeiten, dann ist ein wesentlicher Schritt in Richtung Veränderung und Lernen getan. Auch das Umgekehrte gilt: wenn die Familie sich in den formulierten Zielen nicht finden kann und diese als fremdbestimmt erlebt, ist der Veränderungsprozess gefährdet.

Gute Ziele entstehen dann, wenn es gelingt, den Bezug zur gefühlsmäßigen Bedeutung der Ziele zu erschließen. Schwabe (2005, S. 150ff) spricht von der «emotionalen Verankerung der Zielperspektive» und betont, wie diese für das Verlernen der Hilflosigkeit und für den Weg aus der Fremdbestimmung zentral ist. In gleichem Verständnis spricht Storch (2002, S. 291) von somatischen Markern, von sichtbaren Zeichen aus dem bio-psychischen Bewertungssystem wie Mimik oder Körperhaltung, die bei der Formulierung von Zielen aktiviert werden und – bei positiven Zeichen – die Chance erhöhen, dass Ziele und Veränderungswünsche auch tatsächlich in Angriff genommen werden. Deuten die somatischen Marker auf Widerstand und Unlust, sind die Ziele nicht emotional verankert, und entsprechend wenig Erfolg versprechend verläuft der Prozess der Veränderung.

Unterschiedliche Zielvorstellungen

Die Zielformulierung erfolgt im Dreieck der beteiligten Akteure einer Familienintervention: Familie – zuweisende Instanz – KOFA-Fachperson. Sie alle haben ihre je eigenen Vorstellungen über Veränderungen und Ziele:

> *Die Familie erfährt Probleme in ihrem Alltag, resp. ihr werden von außen Problemdefinitionen zugewiesen, mit denen sie sich auseinandersetzen will oder muss.*

> *Die zuweisende Instanz definiert Probleme und formuliert allgemeine Grundsatzziele, die im Prozess konkretisiert und bearbeitet werden müssen.*

> *Die KOFA-Fachperson sammelt und analysiert Informationen, kommt zu Arbeitshypothesen über Probleme und Problembedingungen in der Familie und leitet daraus erwünschte Veränderungen ab.*

Es ist die Aufgabe der KOFA-Fachperson, untaugliche resp. unrealistische Ziele zu benennen und Unvereinbarkeiten in den Zielvorstellungen der Familie, der zuweisenden Instanz und den eigenen Vorstellungen auszuräumen. Dazu formuliert die Fachperson vorläufige und relativ abstrakte Ziele, auf die sich alle Partner möglichst gut einigen können und erarbeitet dann mit der Familie zusammen schrittweise sehr konkrete und realistische Ziele. Es ist ratsam, nach Punkten zu suchen, in denen Konsens besteht, und dort zu beginnen. Wenn diese Punkte erfolgreich bearbeitet werden konnten, gelingt es häufig besser, über die noch strittigen Punkte Einigkeit zu erzielen.

> *Beispiel*
> *Eine Mutter, die immer wieder wegen Depressionen in stationärer Behandlung war, wird aus der Klinik entlassen. Die Klinik leitet mit Hilfe einer Jugendhilfebehörde bei der Entlassung von Patientinnen und Patienten mit Kindern als Standard eine Intervention KOFA-6-Wochen ein.*
>
> *Aus Sicht der Klinik und der Behörde ist das Ziel, die Mutter zu unterstützen, den Alltag für die Tochter genügend sicher, strukturiert und lernfördernd zu gestalten. Die Mutter ist sicher, dass sie gut für ihre bald dreijährige Tochter sorgen kann, und dass sie keine Hilfe braucht. Ihr Ziel ist es, nie mehr in die Klinik gehen und keine Medikamente mehr nehmen zu müssen. In der Informationsphase sieht die Familienarbeiterin neben starken Punkten einige Verbesserungspunkte bei der Mutter (Formular EKI-0-3): diese hat Mühe, sich adäquat auf die Bedürfnisse ihrer sehr aktiven Tochter einzustellen. Sie ist sehr kontrollierend und streng und erlebt kaum Spiel- und Spaßmomente mit dem Kind. Die Mutter stimuliert das Kind vor allem sprachlich wenig und ist inkonsequent in der Grenzsetzung. Die Ziele der Mutter und jene der Behörde klaffen erheblich auseinander, und die Ziele der Mutter sind zudem unrealistisch und für die Tochter gefährlich. Der Vater ist besorgt und will seiner Frau nicht widersprechen, aus Angst, dass sie wieder in eine Krise gerät. Er kann sich aber vorstellen, sich intensiver mit der Tochter abzugeben. Und die KOFA-Fachperson sieht ganz konkrete Punkte, in denen die Mutter Veränderungsbereitschaft und Lernfähigkeit zeigen müsste, damit das Kindeswohl der Tochter als genügend gesichert gelten kann.*
>
> *In dieser Situation formuliert die Familienarbeiterin ein allgemeines Ziel, auf das sich Vater und Mutter einigen können, und das mit dem Auftrag der Behörde kompatibel ist: der Vater kümmert sich mehr um das Mädchen und gestaltet das Abendritual mit aktiven und ruhigen Elementen. Die Mutter kann sich in dieser Zeit ihren eigenen Bedürfnissen widmen. In der ersten Woche fängt die Mutter an, sich am Ritual zu beteiligen und erzählt der Familienarbeiterin strahlend, wie lustig es gestern war. Nun ist der Boden – die emotionale Verankerung – bereit für nächste Veränderungsschritte mit der Mutter. Die Familienmitarbeiterin bestärkt die Mutter in ihrer Aktivität mit der Tochter.*

Wenn grundsätzlich unterschiedliche Einschätzungen zur Sicherheit der Kinder resp. zur Gewährleistung des Kindeswohls bestehen, und wenn die Eltern nicht zu Veränderungen bereit oder in der Lage sind, muss die Fachperson mit dem Teamleiter und der zuweisenden Instanz Kontakt aufnehmen und klären, inwiefern eine Fortsetzung der Hilfe verantwortet werden kann.

Zielebenen/sprachliche Form

Ziele können sprachlich auf verschiedene Weise ausgedrückt werden (vgl. Cassée, 2007, S. 142ff). Sind die Ziele eher abstrakt und allgemein, sprechen wir von Grundsatzzielen. Diese beziehen sich auf eine weiter entfernte Zukunft und sollen positiv und leicht verständlich formuliert sein. Von Handlungszielen sprechen wir dann, wenn konkrete Sollzustände innerhalb eines kürzeren Zeitraums gemeint sind. Noch eine Stufe konkreter sind dann die Arbeitspunkte, die ausformulieren, wer bis wann was tun soll und woran festgestellt werden kann, dass das Ziel erreicht wurde. Arbeitspunkte werden positiv als Annäherungsziele und nicht als Vermeidungsziele formuliert. Vermeidungsziele sind weniger geeignet und stimulieren weniger zum Handeln und rufen eher negative Gefühle hervor. Es lohnt sich, nach geeigneten Formulierungen für Annäherungsziele zu suchen.

> *Beispiel*
>
> *Ein konkreter Arbeitspunkt für die Mutter aus dem obigen Beispiel ist es, dass sie nach den positiven Erfahrungen in der nächsten Woche zweimal selber das Abendritual mit der Tochter gestaltet und darauf achtet, dass die Tochter nach einer für sie lustvollen Aktivität zufrieden und ruhig einschlafen kann. Die einzelnen Schritte werden mit der Mutter besprochen und auf farbigen Papierstreifen aufgeschrieben.*
>
> *Anmerkung: Der Arbeitspunkt heißt nicht: die Mutter soll die Tochter weniger bestrafen und weniger streng sein (Vermeidungsziele).*

10.1 Ziele priorisieren

Von den Veränderungspunkten aus der Informationsphase zum ersten Arbeitsplan (AP1)

In der Regel sind mit Hilfe der oben dargestellten Instrumente der Informationsphase bereits viele Veränderungswünsche und Ziele gesammelt worden, die priorisiert und als erster Arbeitsplan (AP1) ausformuliert werden können. Wenn in der bisherigen Informationsphase noch wenige konkrete Veränderungswünsche ausgesprochen wurden, können Wunschkarten, Zielkarten oder die Silhouette verwendet werden, um die Veränderungsanliegen der Familienmitglieder zu ermitteln. Im Zielfindungsprozess geht es darum, die drei bis vier Themen zu ermitteln, für die sich die Familie resp. einzelne Familienmitglieder am stärksten engagieren wollen resp. die im Moment am dringlichsten sind. Die KOFA-Fachperson unterstützt und steuert diesen Prozess aktiv und mit eigenen fachlichen Anliegen, die sie dann einbringen muss, wenn die Familie ungeeignete, unrealistische oder unzulässige Veränderungswünsche äußert.

Es ist die Aufgabe der KOFA-Fachperson, die bereits im bisherigen Verlauf gesammelten Veränderungswünsche und Ziele für ein Zielfindungsgespräch aufzubereiten. Dazu werden die gesammelten Verbesserungspunkte und Themen sinnvoll geordnet. Mehrfach vorhandene Themen werden zusammengefasst und visualisiert. Eine geschickte Visualisierung (Kärtchen, Papierstreifen, evt. mit Bildern) ist adressatengerecht zu wählen. Sie hilft, den Zielfindungsprozess zu strukturieren und unterschiedliche Sichtweisen und Prioritäten nicht nur auf einer rein verbalen Ebene, sondern auch sinnlich begreifbar zu machen. So erzeugt das Notieren von

Veränderungswünschen auf Papierstreifen eine ganz andere Art von Aktivität in einer – allenfalls gespannten – Situation als das Sprechen. Die Papierstreifen werden zuerst beschriftet, dann geordnet, vielleicht auf einen Flipchart geklebt, mit Punkten bewertet etc. Alle diese Aktivitäten beleben und aktivieren, geben auch den Schweigenden eine «Stimme», machen Dissens sichtbar und lassen Varianten von Kompromissen «greifbar» werden. In der Regel wird die Priorisierung zuerst mit einzelnen Familienmitgliedern gemacht und erst später – wenn nötig – mit den Anliegen anderer Fallbeteiligter verknüpft. Hier ist die Moderationsfähigkeit der Fachkraft gefragt, vor allem dann, wenn es erhebliche Differenzen im Familiensystem gibt.

Für die Bewertung der bis hier gesammelten Ziele sind die so genannten Veränderungskarten ein gutes Hilfsmittel. Für jedes Familienmitglied sowie für die ganze Familie können solche Karten auf der Basis gesammelter Informationen erstellt werden.

Die Veränderungskarte: Schritte zur Priorisierung von Zielen

1. Bereiten Sie die Erarbeitung von individuellen Zielen gut vor.
   Wählen Sie einen geeigneten Zeitpunkt und einen Ort, wo Sie nicht gestört werden. Nehmen Sie sich genügend Zeit. In ca. einer Stunde kann man in einer nicht sehr belasteten Situation zu einer sinnvollen Priorisierung kommen. In konflikthaften und belastenden Fällen ist für diesen Prozess bedeutend mehr Zeit vorzusehen. Informieren Sie die Familienmitglieder, dass sie zuerst einzeln und dann auch gemeinsam die bis jetzt gesammelten Veränderungswünsche anschauen wollen.

2. Legen Sie die gesammelten Veränderungswünsche aus der Informationsphase vor (Kärtchen, Papierstreifen).

3. Bitten Sie das Gegenüber, die Kärtchen mit den wichtigsten Wünschen und Zielen auszuwählen.
   Achten Sie auf körperliche Reaktionen des Gegenübers und ermutigen Sie es, ganz frei jene Kärtchen zu wählen, die jetzt wichtig sind. Die Fachperson hat hier die Gelegenheit, Themen und Veränderungen, die aus ihrer Sicht wichtig sind, auf den Tisch zu legen.

4. Nehmen Sie die ausgewählten Kärtchen resp. Papierstreifen und laden Sie das Gegenüber ein, diese in drei Gruppen zu ordnen: «sehr wichtig» «wichtig» und «weniger wichtig».

5. Fragen Sie zurück, wenn die Rangfolge nicht klar erscheint oder wenn Sie eine ganz andere Vorstellung über die Wichtigkeit der Themen haben. Hier kann und muss die Fachperson ihre Sichtweise und ihre Wahrnehmungen einfließen lassen.

6. Fordern Sie nun das Gegenüber auf, für die allerwichtigsten Ziele eine Rangfolge zu erstellen und die drei wichtigsten zu kommentieren.

7. Schreiben Sie die drei wichtigsten Ziele und die dazu gehörigen Kommentare auf ein Blatt Papier als Grundlage für den Arbeitsplan (AP).

In einer unterstützenden Arbeitsatmosphäre gelingt es den meisten Familienmitgliedern und sogar Kindern ab ca. sieben Jahren, deutlich zu machen, was sie tun wollen, um ihre Situation zu verändern.

10.2 Weitere Ziele erarbeiten

In einigen Fällen sind mit den üblichen Instrumenten der Informationsphase nur wenige Veränderungswünsche artikuliert worden. Die niederländische Quelle erwähnt einige einfache Instrumente, mit denen weitere Veränderungswünsche und Ziele – allenfalls auch im weiteren Verlauf des Familieneinsatzes – erarbeitet werden können (vgl. Spanjaard & Haspels, 2005, S. 70).

Wunschkarten

Wunschkarten enthalten eine Liste möglicher Wünsche zu einem wichtigen Thema des Alltags. Die Liste wird von der Fachkraft vorbereitet (als handgeschriebenes Blatt, als mit dem PC erstellte Liste oder als einzelne Papierstreifen). Wünsche formulieren ideale Zustände, Perspektiven und Werthaltungen, und sie liegen noch ziemlich weit in der Zukunft (Grundsatzziele). Sie lassen noch viel Raum für kreative Ideen zur Realisierung und sind in der aktuellen Situation nicht so belastend oder bedrohlich.

Schritte in der Arbeit mit Wunschkarten

1. *Bereiten Sie die Arbeit mit Wunschkarten gut vor. Wählen Sie einen geeigneten Zeitpunkt und einen Ort, wo Sie nicht gestört werden. Nehmen Sie sich genügend Zeit. Informieren Sie das Familienmitglied, dass sie gemeinsam Veränderungswünsche herausfinden möchten.*
2. *Übergeben Sie die von Ihnen vorbereitete Karte resp. die Papierstreifen zusammen mit einem Schreibstift. Bitten Sie das Gegenüber, die Liste durchzulesen und zu ergänzen. Ermutigen Sie dazu.*
3. *Bitten Sie das Gegenüber, die wichtigsten Wünsche der Liste anzukreuzen. Achten Sie auf körperliche Reaktionen des Gegenübers und ermutigen Sie, ganz frei jene Wünsche auszuwählen, die für den gegenwärtigen Zeitpunkt wichtig sind.*
4. *Schreiben Sie die ausgewählten Wünsche auf Papierstreifen und laden Sie das Gegenüber ein, diese in drei Gruppen zu ordnen: «sehr wichtig», «wichtig» und «weniger wichtig». Fragen Sie zurück, wenn Ihnen die Rangfolge nicht klar erscheint oder wenn Sie eine ganz andere Vorstellung über die Wichtigkeit der Themen haben. Hier kann und muss die Fachperson ihre Sichtweise und Wahrnehmungen einfließen lassen.*
5. *Fordern Sie nun das Gegenüber auf, für die allerwichtigsten Wünsche eine Rangfolge zu erstellen und die drei wichtigsten zu kommentieren.*
6. *Schreiben Sie die drei wichtigsten Wünsche mit den Kommentaren auf ein Blatt Papier als Grundlage für den Arbeitsplan (AP).*

Die Arbeit mit Wunschkarten strukturiert den Prozess der Zielformulierung mit vergleichbaren Schritten wie bei der Priorisierung von Zielen. Wunschkarten dienen der Erfassung von Veränderungswünschen von Elternteilen sowie von Kindern ab ca. sieben Jahren in Form von adressatenspezifischen Karten (z. B. mit Bildern oder Zeichnungen). Durch die Vorgabe möglicher Wünsche wird das Entdecken und Formulieren eigener Wünsche durch die Klientin/den Klienten angeregt. Die Fachperson verfügt über eine Reihe solcher Karten/Streifen für bestimmte Themen, die sie fallbezogen einsetzt und in den Formulierungen anpasst. Es können aber auch spezielle Wunschkarten für bestimmte Familienmitglieder erstellt werden. Die Wünsche werden sprachlich so ausgedrückt, dass das Erwünschte enthalten ist (Annäherungsziele).

> *Beispiel*
> *In der Erfassung der Lebensbedingungen (LB) gelang es Frau Totü nicht sehr gut, Wünsche für Veränderungen zu formulieren. Sie formulierte zwar, dass einiges nicht so gut sei, wusste aber nicht, was sie ändern könne oder wolle. An der nächsten Sitzung bringt die Familienarbeiterin eine Wunschkarte für Frau Totü mit.*

Ich will

○ gemeinsam in Ruhe und am Tisch essen
○ durchsetzen, dass Hakan in der Wohnung nicht raucht
○ eine Arbeit suchen, damit ich am Abend zuhause sein kann
○ Hakan Verantwortung für gewisse Haushaltaufgaben übergeben
○ dafür sorgen, dass Hakan seine Hausaufgaben in seinem Zimmer macht
○ die Kontakte zu meinen Freundinnen ohne Hakan pflegen
○ dafür sorgen, dass Hakan nicht mehr in meinem Bett schläft
○ lernen, wie ich mit Hakan Regeln für die Freizeit festlegen kann
○ wieder mehr Leute zu mir nach Hause einladen
○ am Wochenende gemeinsam kochen
○ am Abend zusammen einen Film im Fernsehen anschauen
○ besser Deutsch sprechen
○ mehr Kontakte zur Schule
○ meinen älteren Sohn sehen

etwas anderes

Hakan Vater und Bruder sehen

Frau Totü ergänzt die vorformulierte Liste mit dem Wunsch, dass Hakan seinen Vater und seinen Bruder sehen könne. Er vermisse die zwei Männer, da sei sie sicher, obwohl er immer sehr schlecht von ihnen spreche. Es gelingt Frau Totü dann sehr gut, die drei für sie wichtigsten Wünsche auszuwählen:

> *Dafür sorgen, dass Hakan seine Aufgaben im Zimmer macht, mit dem Kommentar: «im Wohnzimmer schaut er immer Fernsehen und lässt sich ablenken, so kann er die Aufgaben nicht richtig machen.»*

> *Lernen, wie ich mit Hakan Regeln für die Freizeit festlegen kann mit dem Kommentar: «Hakan macht, was er will, und er hat Kontakt zu schwierigen Jugendlichen. Ich will mit ihm darüber sprechen und ihm helfen, nicht abzurutschen.»*

> *Gemeinsam in Ruhe und am Tisch essen mit dem Kommentar: «Für uns Türken ist gemeinsam essen etwas Wichtiges – ich will das mit Hakan wieder können und vielleicht auch wieder Leute einladen.»*

Die Kontakte zum Vater und Bruder möchte sie noch etwas zurückstellen – zuerst möchte sie, dass es im Alltag mit Hakan einfacher wird.

Sie kommentiert ihre Wünsche, und auf diese Weise bekommt die Familienarbeiterin nochmals Informationen zur Problemsicht, zu den Veränderungswünschen und zu den Ressourcen von Frau Totü.

Die Familienarbeiterin macht für sich eine Kopie der Wunschkarte und gibt das Original dem Familienmitglied. Wenn mit einzelnen Zetteln gearbeitet wurde, ist es von Vorteil, die Zusammenstellung zu fotografieren und die Originale in der Familie zu belassen. Die Kopien werden in der Familiendokumentation abgelegt. Bei Bedarf kann darauf später zurückgegriffen werden.

Zielkarten

Während Wünsche noch offen formuliert sind und Spielraum für die Wahl der Mittel lassen, sind Ziele konkreter. Auch für das Sammeln von Zielen kann ein visualisierendes Verfahren den Prozess der Zielfindung strukturieren. Zielkarten werden von der Fachperson pro Entwicklungsaufgabe vorbereitet.

Die Arbeitsschritte sind die gleichen sechs wie in der Arbeit mit Wunschkarten (siehe S. 101).

Es folgt ein Beispiel für die Zielkarte von Hakan zur Entwicklungsaufgabe «Bewältigung schulischer Anforderungen» (EA 13 – 20).

Schulische Anforderungen

Ich will

○ bessere Noten
○ besser werden in Mathematik
○ besseren Kontakt mit der Lehrerin
○ rechtzeitig in der Schule sein
○ besser werden in Sprachen
○ Hausaufgaben regelmäßig machen
○ lernen, wie ich meine Hausaufgaben besser machen kann
○ jeden Tag zur Schule gehen
○ besseren Umgang mit Kollegen in der Klasse haben
○ positiv auffallen im Unterricht
○ ruhig und aufmerksam sein im Unterricht
○ mich mit Worten verteidigen lernen
○ mich anständig verhalten auf dem Pausenplatz / dem Schulweg
○ mich anständig durchsetzen, wenn ich im Recht bin
○ meinen Fernsehkonsum reduzieren
○ mehr lesen

etwas anderes:

_____

Hakan wollte die Liste zuerst ergänzen mit Dingen, die er sicher nicht wolle. Als sich Frau Jauss darauf nicht einließ, studierte er die Liste sehr aufmerksam. Es machte ihm offensichtlich Spaß, sich darauf zu konzentrieren, was seine eigenen Ziele sein könnten. In zwei Durchgängen wählt er drei Ziele aus:

> *Jeden Tag zur Schule gehen*, mit dem Kommentar: «Das ist wohl das Wichtigste – wenn ich nicht dort bin, bin ich bald weg vom Fenster. Dann ist nichts mit guter Lehrstelle und so.»

> *Positiv auffallen im Unterricht* mit dem Kommentar: «Es ist mir langsam verleidet, immer den Clown zu spielen, so dass alle lachen und ich am Schluss blöd dastehe – ich kann auch noch anderes!»

> *Mich mit Worten verteidigen lernen* mit dem Kommentar: «Ich bin halt ein Hitzkopf und kann mich nicht gut beherrschen. Kann man das lernen?»

Die Silhouette

Eine sehr hilfreiche Methode, um mit Eltern und Kindern/Jugendlichen Stärken und Lernthemen zu ermitteln, ist die Silhouette. Den Familienmitgliedern wird eine Körperschablone vorgelegt, bei der dem Körperumriss entlang starke Punkte (was ist gut?) und Veränderungspunkte (was soll sich verändern, was soll die Person lernen?) aufgeschrieben werden. Diese Punkte werden im gemeinsamen Gespräch ermittelt. Die Technik wird mit dem Fokuskind und den Eltern zuerst getrennt durchgeführt. Anschließend werden die beiden «Zeichnungen» zusammengeführt und diskutiert. Auch mit anderen wichtigen Erwachsenen im Umfeld des Fokuskindes (z. B. Lehrpersonen) kann die Silhouette verwendet werden. Die Methode kann sehr unerwartete Ergebnisse erzielen und öffnet den Blick für Stärken und Veränderungen. Die Bildvorlage ist sehr geeignet, starke Gefühle hervorzurufen, die gut genutzt werden können. Auch «heiße» Themen, wie Liebe und Gefühle (das Herz), Sexualität (Genitalien, Brüste), Gewalt (Hände, Füße) können bei einem Körperteil häufig problemloser erwähnt resp. eingezeichnet werden.

Übung in einer Kleingruppe (nach den Spielregeln von S. 72)

Aufgabe
1. Bereiten Sie ein Gespräch mit der Silhouette für Hakan und seine Mutter vor.
2. Führen Sie getrennte Gespräche mit Hakan und seiner Mutter (Rollen verteilen).
3. Führen Sie das Austauschgespräch mit Hakan und seiner Mutter.

Machen Sie mehrere Durchgänge in verschiedenen Rollen.

Feedback

> **Schritte in der Arbeit mit der Silhouette**
>
> 1. Zeichnen Sie auf einem A4-Blatt/Flipchart den Umriss eines Körpers.
>
> 2. Laden Sie das Gegenüber ein (Fokuskind, Eltern(-teile) resp. andere Bezugspersonen), rund um den Körper Folgendes zu bezeichnen:
>   - grün = Stärken: Was kann ich (resp. das Fokuskind) gut? Was ist schön?
>   - blau = Wünsche: Was sollte ich (resp. das Fokuskind) anders machen/lernen?
>
> 3. Achten Sie auf körperliche Reaktionen des Gegenübers und ermutigen Sie, bei allen Körperteilen ganz frei darüber nachzudenken und zu äußern, wie es jetzt ist und wie es besser sein könnte.
>
> 4. Austausch:
>   - Das Fokuskind präsentiert seine starken Punkte und seine Veränderungswünsche.
>   - Die Eltern(-teile) resp. die Erwachsenen reagieren mit Fragen.
>   - Die Eltern(-teile) präsentieren die starken Punkten und die Veränderungswünsche.
>   - Das Fokuskind reagiert mit Fragen.
>
> 5. Diskutieren Sie die Ergebnisse und halten Sie die Wünsche für Veränderungen auf Streifen fest.
>
> Ab hier folgen die Arbeitsschritte für die Priorisierung, wie bei der Arbeit mit Wunsch- und Zielkarten beschrieben.

10.3 Der Arbeitsplan: SMART-Ziele und Arbeitspunkte

Wenn am Schluss der Informationsphase für einzelne Familienmitgliedern oder für die ganze Familie Veränderungswünsche und Verbesserungspunkte vorliegen, können diese Wünsche und Ziele als konkrete Arbeitspunkte konkretisiert werden. Dabei lassen wir uns von den so genannten SMART-Kriterien leiten.

SMART-Kriterien

Die Arbeitspunkte müssen SMART formuliert werden, was bedeutet:

S	spezifisch, d.h. auf ein konkretes Thema/eine konkrete Aufgabe bezogen
M	messbar, d.h. es muss bestimmt werden können, ob ein Ziel erreicht ist
A	akzeptiert und ausgehandelt, d.h. die Person(en), für die der Arbeitspunkt gedacht ist, wurde(n) mit einbezogen worden und ist/sind bereit
R	realistisch, d.h. die Arbeitspunkte können bearbeitet werden mit den vorhandenen resp. zu erschließenden Mitteln und Möglichkeiten
T	terminiert, d.h. es wird festgelegt, bis wann der Arbeitspunkt erledigt sein muss

Verschiedene Arbeitspunkte bilden zusammen den «Arbeitsplan», einen Begriff, den wir gewählt haben, weil er klar macht, dass die Familie selber aktiv mitwirken muss. Je nach Situation in der Familie gibt es Arbeitspläne für die Mutter, den Vater, die Eltern gemeinsam, für das Fokuskind sowie für weitere Kinder.

Wir empfehlen, nicht mehr als drei Arbeitspunkte für einen ersten Arbeitsplan zu wählen und diese dann bei Bedarf später um weitere Arbeitspunkte zu ergänzen. Pro Arbeitspunkt wird entsprechend ein Blatt des Arbeitsplanes erstellt, das alle SMART-Kriterien erfüllt. Der Arbeitsplan geht in Kopie an alle, die bei der Bearbeitung involviert sind.

Es folgt die Darstellung eines Arbeitspunktes aus dem Arbeitsplan von Frau Totü.

Arbeitsplan 1   **AP**

Name: *Frau Totü*
Bearbeitet von: *Cornelia Jauss.*   Datum: *26.01.2008*
☐ **Arbeitspunkt 1:** *Was will ich/was wollen wir erreichen? (konkrete Sollzustände formulieren)*
Hakan macht seine Aufgaben selbstständig in seinem Zimmer.
Was brauche ich/was brauchen wir dazu, was ist vorhanden (+), was fehlt (-)
+
Arbeitsplatz Zimmer/Tisch/Lampe
Arbeitspunkt Hakan: regelmäßig zur Schule gehen
Motivation der Mutter
-
Ordnung im Zimmer, Platz für Schulsachen
sich gegenüber Hakan durchsetzen können

Konkrete Schritte, um das Ziel zu erreichen			
Was? Ziel ist erreicht, wenn … (Ind = Indikator)	Wer?	bis wann?	erledigt am......./Visum
Vorbereiten Arbeitsplatz Ind: geeigneter Arbeitsplatz eingerichtet	Mutter und Hakan zusammen	30.01.2008	30.01./Totü/Hakan
Besprechen der Aufgaben am Familientisch, Besprechung des Aufwandes und des Vorgehens, Ausfüllen Aufgabenblatt Ind: Aufgabenblatt pro Tag von Hakan erstellt und von der Mutter visiert	Mutter und Hakan zusammen mit Frau Jauss	31.01.2008	31.01./Totü/Hakan/Jauss
Erledigen der Aufgaben im Zimmer am Montag und Dienstag Ind. Aufgabenblatt mit Visum Mutter	Hakan	06.02.2008	06.02./Totü/Hakan (Aufgabenblätter)
Erledigen der Hausaufgaben im Zimmer Ind: Aufgabenblätter mit Visum der Mutter	Hakan	13.02.2008	13.02./Totü/Hakan
Pizza essen Ind.: Rechnung Pizzeria	Mutter und Hakan	15.02.2008	15.02/Totü/Hakan

Im Kasten «Arbeitspunkt» wird beschrieben, was genau der erwünschte Sollzustand sein soll (das **S** im SMART). Dieser Sollzustand soll akzeptiert und ausgehandelt sein (**A**). Am besten wird eine Formulierung in der Sprache des Familienmitglieds gewählt. Die Auflistung vorhandener und noch fehlender Mittel, um das Ziel zu erreichen, stellt sicher, dass das Ziel realistisch ist und dass vorhandene und fehlende Mittel in den Schritten zum Ziel berücksichtigt werden (**R**). In den konkreten Schritten wird festgehalten, wer bis wann was tun soll (**T** und **R**). Weil Indikatoren für die Zielerreichung genannt werden, ist auch die Messbarkeit garantiert (**M**).

> *Beispiel*
> *Der erste Arbeitspunkt konnte nach gut 14 Tagen als erledigt zur Seite gelegt werden. Hakan und Frau Totü hatten eine Form gefunden, wie sie mit den Aufgabeblättern und klaren Abmachungen das Thema Hausaufgaben bearbeiten konnten. Als Belohnung (neben dem Pizza-Essen) bekommt Hakan bei Einhaltung der getroffenen Regelungen am Freitag eine zusätzliche Stunde für die Freizeit mit Freunden, die er – eine weitere Abmachung – im Jugendtreff der Gemeinde verbringt.*
> *Das Arbeitsblatt bleibt in der Familiendokumentation – es ist denkbar, dass es zu einem späteren Zeitpunkt nochmals hervorgeholt werden muss.*

Der Zwischenbericht

Die Informationsphase kann mit dem vollständigen Zwischenbericht abgeschlossen werden (Formular ZB). Dieser enthält im Wesentlichen die Veränderungswünsche und Ziele der einzelnen Familienmitglieder und macht Aussagen zu deren Ressourcen, Fähigkeiten und Verbesserungspunkten. Der Arbeitsplan resp. die Arbeitspläne mit den konkreten Zielen und Schritten wird/werden dem Zwischenbericht beigelegt. Der Entwurf des Zwischenberichtes wird mit der Familie besprochen. Eventuelle Anmerkungen der Familienmitglieder können im Bericht aufgenommen werden. Die definitive Fassung wird der zuweisenden Instanz zugestellt. Die Familie erhält eine Kopie.

Von der Informationsphase zur Veränderungsphase

Nun tritt die Familie in die Veränderungsphase ein, in der an den formulierten Arbeitspunkten gearbeitet wird. Die Erstellung eines Arbeitsplans ist bereits anspruchsvoll – je konkreter die Zielbearbeitung aber wird, desto mehr Hindernisse und auch Widerstände können sichtbar werden. Veränderungen wünschen und wollen ist das eine, selber konkrete Schritte tun das andere. Kleine Schritte, die Erfolg versprechen, sollten wenn immer möglich am Anfang stehen.

Die KOFA-Methodik sieht verschiedene Methoden und Techniken vor, um die Lebensbedingungen zu verbessern und die Kompetenzen der Familienmitglieder zu erweitern. Dabei werden die Faktoren der Kompetenzbalance, die Aufgaben, die Fähigkeiten sowie die internen und externen Schutz- und Risikofaktoren, systematisch berücksichtigt.

Veränderungsphase

11 Aufgaben erleichtern

11.1 Praktische Hilfe

Eine gute Möglichkeit, um eine vertrauensvolle Beziehung zu den Familienmitgliedern aufzubauen, ist das Leisten praktischer Hilfe im Alltag. Die KOFA-Fachperson übernimmt oder erleichtert zeitweise belastende oder zu schwere Aufgaben, damit das Familienmitglied Gelegenheit hat, seine Aufmerksamkeit auf andere Aufgaben zu richten. Auch kann praktische Hilfe die Motivation der Familienmitglieder stärken, an Arbeitspunkten zu arbeiten, die für sie schwierig sind.

Die Fachperson muss aber darauf achten, dass die Aufgabenerleichterung mit den anderen Arbeitspunkten kompatibel ist und nicht zu Abhängigkeit und Unmündigkeit führt. Deshalb ist es wichtig, die Aufgaben – wenn immer möglich – zusammen mit einem Familienmitglied zu erledigen und dabei als Lernmodell zu dienen.

Typische Aufgabenfelder für die Aufgabenerleichterung:
> *Hilfe im Haushalt: einkaufen, abwaschen, die Wäsche versorgen, kochen etc.*
> *finanzielle und rechtliche Hilfe: mit dem Sozialzentrum Kontakt aufnehmen, um die Sozialhilfe zu regeln, eine Scheidungsberatung regeln, gemeinsam auf eine Schuldenberatungsstelle gehen etc.*
> *technische Hilfen: eine Steckdose flicken, die eine Gefahr für das Kleinkind ist, ein Fahrrad flicken etc.*
> *andere praktische Hilfen wie z. B. einen Transport zum Zahnarzt anbieten, einen Babysitter organisieren, damit die Eltern einen Abend gemeinsam ausgehen können; mit den Kindern Hausaufgaben machen.*

Vorbereitung
In einigen Fällen kann eine Aufgabe dadurch erleichtert werden, dass die Fachperson die Familienmitglieder auf die Aufgabe vorbereitet und mit ihnen die damit zusammenhängenden Schritte bespricht.

> *Beispiel*
> *Die gemeinsame Besprechung, wie das Thema Hausaufgaben erledigt werden könne, erleichterte Frau Totü die Aufgabe kurzfristig und war gleichzeitig Modell dafür, wie konkrete Aufgaben des Alltags mit Hakan besprochen und vereinbart werden können.*

Aufgabenklärung

Aufgaben werden auch erleichtert, indem einer Person deutlich gemacht wird, dass sie eine Aufgabe zu Unrecht zu ihren Aufgaben zählt. Manchmal genügt es, wenn mit der betroffenen Person geklärt werden kann, was ihre Aufgabe genau beinhaltet und wo sie sich von anderen Aufgaben abgrenzen muss.

> *Beispiel*
>
> *Hakan übernimmt immer wieder Dolmetscherfunktionen für seine Mutter. Dies ist weder für ihn noch für die Mutter hilfreich. Gemeinsam wird geklärt, wo Hakan diese Aufgabe übernehmen soll (dort, wo Sachen geschrieben werden müssen) und wo nicht (alles, was mündlich erfolgt).*

Aufgabendifferenzierung

Aufgabenerleichterung kann auch durch eine Ausdifferenzierung in Teilaufgaben und Schritte geschehen. Die Teile einer Aufgabe werden gemeinsam mit den Familienmitgliedern herausgearbeitet und die einzelnen Schritte zu deren Bewältigung aufgezeigt. So lassen sich auch schwierige Aufgaben bewältigen, und die Selbststeuerung der Familienmitglieder verbessert sich. Hier kann eine gute Visualisierung hilfreich sein.

Oft stellen sich Familienmitglieder selbst die – zu schwere – Aufgabe, Probleme schnell zu lösen (Selbsterwartungen), mit dem Risiko, dass sie enttäuscht werden. Aufgabenerleichterung kann in diesem Fall erreicht werden, indem eine zeitliche Perspektive erarbeitet wird: kurzfristige, mittelfristige und langfristige Schritte, um die Aufgaben zu bewältigen.

> *Beispiel*
>
> *Frau Totü möchte eine andere Stelle, die ihr erlauben würde, am Abend zuhause zu sein. Die Familienarbeiterin listet mit ihr zusammen die einzelnen Schritte auf, bringt diese in einen zeitlichen Rahmen und setzt Prioritäten. Als erster Schritt werden Medien (Zeitungen, Internet) bestimmt, in denen Frau Totü sich über die Angebote informieren kann. Hakan kann ihr bei der Suche behilflich sein. Später kann aus dieser Aufgabe ein Arbeitspunkt mit Arbeitsplan gemacht werden.*

11.2 Materielle Hilfe und Arbeitsgeld

In den ersten Tagen in der Familie fallen häufig gewisse Ausgaben an, die für dringende Anschaffungen oder Reparaturen benötigt werden. Dafür verfügen die KOFA-Fachkräfte über ein kleines Budget – das so genannte Arbeitsgeld –, das für Nahrungsmittel, Kleider, Einrichtungsgegenstände etc. verwendet werden kann. Selbstverständlich muss die Familie lernen, Schulden zu sanieren und mit den vorhandenen Mitteln sparsam umzugehen, in vielen Fällen steht aber kurzfristig das Geld für notwendige Ausgaben nicht zur Verfügung.

Wenn eine Familie viele materielle Bedürfnisse hat, erstellt die KOFA-Fachkraft eine Liste mit den zu erwartenden Kosten und wählt gemeinsam mit der Familie die Dinge aus, die Priorität haben. Das wichtigste Kriterium dabei ist, wie weit eine Ausgabe dazu beiträgt, die Entwicklung der Kinder zu fördern oder die Sicherheit der Kinder zu erhöhen.

Die Verfügung über Arbeitsgeld ist sinnvoll und ermöglicht unbürokratische Lösungen für kurzfristige Ausgaben. Im deutschsprachigen Raum ist die Frage des Arbeitsgeldes noch nicht klar geregelt. Es braucht in jedem Fall Absprachen mit der zuweisenden Instanz, ob und in welcher Höhe ein Arbeitsgeld zur Verfügung steht, das gegenüber dem Auftraggeber in Rechnung gestellt werden kann.

Beim Ausgeben des Arbeitsgelds muss auf folgende Punkte geachtet werden:

> *Zielbezogenheit: die Ausgaben dienen der Erreichung wichtiger Ziele in der Familie.*
> *Dringlichkeit: die Ausgabe muss jetzt erfolgen und kann nicht aufgeschoben werden.*
> *Es gibt keine anderen Möglichkeiten, die Mittel zu beschaffen.*
> *Es wird ausreichend sichergestellt, dass das Geld kostenbewusst ausgegeben wird.*

Die Anschaffung von Materialien, die für die Arbeit der KOFA-Fachperson gebraucht werden, wie Stifte und Papier, Spielzeug für die Kinder, Bilderbücher oder Zeitschriften, aber auch kleine Geschenke oder ein Imbiss, gehören nicht zum Arbeitsgeld. Sie sind in den Verrechnungsansätzen für die Leistung enthalten.

Die Höhe des Arbeitsgelds

Als Standard ist es sinnvoll, wenn die KOFA-Fachperson ohne Rücksprache mit der Teamleitung über einen festen Betrag, z. B. CHF 25.–/Woche verfügen kann bis zu einem maximalen Betrag in der Höhe von z. B. CHF 200.– pro Familie bei einer Abklärung und CHF 300.– bei einem 6-Wochen- und einem 6-Monate-Einsatz. Wenn die Ausgaben einmalig höher als diese Beträge sind, muss die Fachperson die Zustimmung der Teamleitung einholen. Dieser Betrag wird auf der Basis einer Vorabsprache mit dem Auftraggeber in der Regel rückerstattet.

11.3 Arbeit an Risikofaktoren

Auch die Wegnahme oder die Begrenzung von Stressoren ist eine Form der Aufgabenerleichterung.

> *Beispiel*
>
> *Eine junge allein erziehende Mutter lebt mit ihrem dreijährigen Sohn in einer Einzimmerwohnung an einer lärmigen Straße. Die Mutter ist häufig ungeduldig und kann sich nicht abgrenzen. Die KOFA-Fachkraft engagiert sich mit der Mutter dafür, dass ihr bei einer Wohnbaugenossenschaft eine größere Wohnung zugesprochen wird. Das Kind bekommt ein eigenes Zimmer, und die Mutter kann lernen, sich emotional besser abzugrenzen und sich auf den Einstieg in die Arbeitswelt vorzubereiten.*

Manchmal ist es nicht so sehr notwendig, den Stressor wegzunehmen, als vielmehr einer Person zu vermitteln, wie sie damit besser umgehen kann.

> *Beispiel*
>
> *Nico beklagt sich über seinen Lehrer, weil er sich immer wieder ungerecht behandelt fühlt. Nico läuft dann aus dem Unterricht und wird verbal ausfällig. Nico droht seiner Mutter, nicht mehr in die Schule zu gehen. In einem Gespräch kann gemeinsam mit dem Lehrer und Nico erarbeitet werden, wie der Einfluss des Stressors gemildert werden kann. Im Gespräch wird vereinbart, dass der Lehrer am Schluss eines Schultages nachfragt, ob noch etwas bereinigt werden müsse. Der Lehrer bleibt zwar streng und «nervig», aber mit der neuen Regelung erhöht sich die Chance, dass Eskalationen ausbleiben.*

12 Fähigkeiten erwerben

12.1 Die Techniken im Überblick

Kompetent sein heißt: eine Person verfügt über genügende Fähigkeiten für die anstehenden Aufgaben. Familienmitglieder können demzufolge kompetenter werden, wenn sie Fähigkeiten erwerben, über die sie noch nicht genügend verfügen. Die KOFA-Methodik stellt für die Vermittlung von Fähigkeiten verschiedene Techniken bereit: Feedback geben, Instruieren/Anweisungen geben, Modell stehen und Übungen. Diese lerntheoretisch fundierten Techniken stehen zueinander in einem logischen Zusammenhang und werden oft miteinander kombiniert, wie in der nachfolgenden Abbildung ersichtlich ist.

Abbildung 7: Techniken für die Vermittlung von Fähigkeiten (Spanjaard & Haspels, 2005, S. 116)

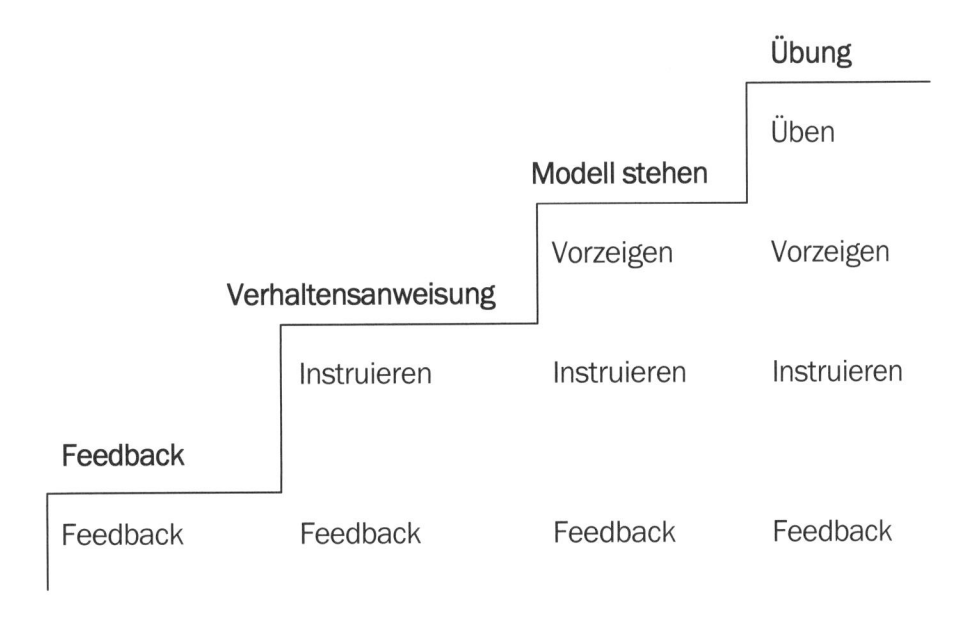

			Übung
		Modell stehen	Üben
	Verhaltensanweisung	Vorzeigen	Vorzeigen
	Instruieren	Instruieren	Instruieren
Feedback			
Feedback	Feedback	Feedback	Feedback

Der Alltag einer Familie ist ein ideales Lernsetting, um mit Hilfe dieser Techniken Fähigkeiten für ganz verschiedene Aufgaben zu erwerben.

Die «Warum-Frage»

Kinder, Jugendliche und Eltern wollen sehr häufig wissen, warum sie ihr Verhalten ändern und neue Fähigkeiten erlernen sollen. KOFA-Fachpersonen müssen auf diese «Warum-Fragen» vorbereitet sein und sie sehr ernst nehmen. Die Antwort auf Warum-Fragen muss kurz und klar sein und auf das erwünschte Verhalten Bezug nehmen. Ein «Darum» muss auf die Kultur und die Lebenswelt der Familie zugeschnitten sein und sich nicht nur von den Normen und Werten der Familienarbeitenden herleiten. Ein «Darum» erfolgt zudem nicht nur dann, wenn die Familienmitglieder ausdrücklich darum bitten.

12.2 Feedback

In einem Feedback beschreibt und bewertet jemand das Verhalten einer anderen Person. Ein Feedback gibt dem Empfänger Hinweise darauf, welches Verhalten in der Situation als angemessen und welches Verhalten als unpassend beurteilt wird. Feedback wirkt als Informationsquelle und eröffnet Chancen für Entwicklung und Lernen.

Es gibt zwei Formen von Feedback: Feedback auf adäquates und auf inadäquates Verhalten.

Feedback auf adäquates Verhalten
Dies ist ein geeignetes Interventionsmittel, um vorhandene Fähigkeiten zu verstärken und den Gebrauch dieser Fähigkeiten zu stimulieren. Durch diese Art von Feedback entstehen meistens gute Gefühle – das Gegenüber wird motiviert und aktiviert.

Schritte für ein positives Feedback

1. Machen Sie eine globale positive Bemerkung: «Hallo Hakan, ich freue mich, heute mit dir zu arbeiten.»
2. Machen Sie eine präzise Aussage, was am konkreten Verhalten gut ist. «Ich finde es ganz gut, dass du die ganze Woche dein Aufgabenheft geführt hast.»
3. Formulieren Sie ein «Darum». Nennen Sie Gründe, warum das Verhalten positiv ist und was mögliche positive Folgen sein könnten. «So hast du bessere Chancen, dein Schulziel zu erreichen und die Beziehung zwischen dir und deiner Mutter wird viel entspannter.»

Fachpersonen tun sich häufig schwer, Feedback auf adäquates Verhalten zu geben. Sie finden das ungewohnt und häufig auch nicht nötig, weil das Verhalten ja selbstverständlich sei. Für Familienmitglieder sind positive Feedbacks aber sehr willkommen und lernfördernd – in vielen Fällen ist das Bewusstsein dafür, Aufgaben des Alltags gut zu bewältigen, abhanden gekommen. Trotzdem wird ein Kompliment oft verlegen lächelnd abgewehrt oder sogar ins Lächerliche gezogen. Wichtig ist aber, dass die Fachperson weiterhin die positiven Schritte der Familienmitglieder benennt. Menschen lernen viel mehr aus Lob als aus Kritik. Und die Fachpersonen dienen als Modell für den positiven Umgang zwischen Menschen.

Ein positives Feedback sollte vorbehaltlos sein, das heißt, es sollte keine zweite Botschaft damit verbunden werden.

> *Beispiel*
> *Super, Hakan, dass du dein Aufgabenheft die ganze Woche geführt hast. Hättest du damit schon früher angefangen, wärest du heute wohl Klassenbester!*

Dieses Feedback auf adäquates Verhalten ist doppeldeutig. Es betont einerseits einen positiven Aspekt auf, kritisiert aber gleichzeitig ein früheres (inadäquates oder unerwünschtes) Verhalten.

Bei einem positiven Feedback ist der Ausdruck «aber» zu vermeiden, weil damit die positive Aussage im Erleben des Gegenübers zum Teil relativiert wird.

> *Beispiel*
> *Ich freue mich, dass Sie jeden Tag das Aufgabenheft von Hakan unterschrieben haben Frau Totü, aber das Datum haben Sie immer vergessen. Ermunternder wäre: Denken Sie nächste Woche noch daran, jeweils das Datum hinzuschreiben?*

Feedback auf inadäquates Verhalten

Hier geht es darum, der Fokusperson zu vermitteln, welches Verhalten nicht erwünscht resp. nicht angemessen ist, oder darum, Verhalten rechtzeitig zu lenken, indem Alternativen angeboten werden.

Schritte für ein negatives Feedback

1. Nehmen Sie Kontakt auf. «So Hakan, da bin ich wieder. Und wir haben heute einiges zu tun!»
2. Machen Sie eine positive Bemerkung (positives Feedback). «Ich habe von deiner Mutter gehört, dass das gut geklappt hat mit dem Aufgabenheft. Das freut mich!»
3. Machen Sie eine einleitende Bemerkung, aus der deutlich wird, dass nun Feedback auf inadäquates Verhalten folgt. «Da ist aber etwas, was nicht so toll war.»
4. Geben Sie genau an, was nicht richtig ist – möglichst konkret. «Du hast an vier von fünf Tagen die Aufgaben im Wohnzimmer und vor dem Fernseher gemacht.»
5. Formulieren Sie genau, welches Verhalten in der Situation richtig ist. «Wir hatten vereinbart, dass du die Hausaufgaben in deinem Zimmer erledigst.»
6. Formulieren Sie ein «Darum» für das erwünschte Verhalten. Erläutern Sie die Folgen des Verhaltens. «Gleichzeitig zwei Sachen machen – lernen und fernsehen – das schafft unser Gehirn nicht wirklich gut. Deshalb ist lernen vor dem Fernsehen nicht sehr klug. Besser nacheinander: zuerst konzentriert die Hausaufgaben und nachher fernsehen.»
7. Überprüfen Sie, ob das Gegenüber verstanden hat. «Hast du das verstanden mit dem Lernen? Soll ich dir mal mehr darüber erzählen, wie das funktioniert im Gehirn?»

12.3 Die Verhaltensanweisung

Bei einer Verhaltensanweisung vermittelt die KOFA-Fachperson dem Familienmitglied, wie adäquates Verhalten in einer Situation aussähe und welche konkreten Fähigkeiten es in dieser Situation braucht, um die Aufgabe gut zu bewältigen.

Schritte für eine Verhaltensanweisung

1. Machen Sie Kontakt und zeigen Sie Interesse für das Familienmitglied durch ein Lächeln, einen Scherz, eine spezielle Begrüßung o.Ä.
2. Machen Sie eine einleitende Bemerkung, aus der deutlich wird, dass Sie eine Verhaltensanweisung geben werden. «Ich möchte nochmal über die Hausaufgaben sprechen, Frau Totü, und Ihnen aufzeigen, wie Sie sich klarer ausdrücken können gegenüber Hakan.»
3. Geben Sie genau an, was Sie nicht gut finden, und beschreiben Sie das unerwünschte oder fehlende Verhalten. «Sie haben geschildert, dass Sie nichts sagen, wenn Hakan seine Aufgaben vor dem Fernseher macht. Das nütze nichts, das gibt nur Streitereien.»
4. Geben Sie genau an, welches Verhalten in dieser Situation gut wäre; beschreiben Sie das erwünschte Verhalten. «Es ist wichtig, dass Sie ein nächstes Mal zu Hakan hingehen, ihn anschauen und ihm sagen, dass es eine Abmachung zwischen ihnen beiden gibt, und dass Sie wollen, dass er sich daran hält.»
5. Geben Sie ein «Darum" für das erwünschte Verhalten an. «Wenn Sie nicht immer wieder auf die Regeln hinweisen und die Einhaltung einfordern, wird Hakan Sie nicht ernst nehmen und weiterhin gegen die Abmachungen verstoßen.»
6. Überprüfen Sie, ob das Familienmitglied verstanden hat. «Sehen Sie welche Verantwortung Sie hier übernehmen sollen, oder ist es noch nicht ganz klar?»

Die Schritte der Verhaltensanweisung sind im Wesentlichen die gleichen wie beim Feedback auf inadäquates Verhalten. Bei der Verhaltensanweisung liegt der Akzent aber auf einer Fähigkeit, die in einer bestimmten Situation neu gelernt resp. anders eingesetzt werden soll. Die Fachperson kann auch für künftiges Verhalten eine Verhaltensanweisung geben, ohne dass inadäquates Verhalten vorausgegangen ist.

In konkreten Situationen, in denen die Fachperson anwesend ist, kann die Verhaltensanweisung abgekürzt und so beiläufiger eingebaut werden. Es ist aber wichtig, immer den Kern der Verhaltensanweisung – die Schritte 1, 4 und 5 – zu betonen, bei denen Wertschätzung gezeigt und danach erläutert wird, welches Verhalten in dieser Situation erwünscht wäre, und warum das so ist.

12.4 Modell stehen

Bei der Technik «Modell stehen» geht es darum, dass die Fachperson oder Familienmitglieder (z. B. in einem kleinen Rollenspiel) gewünschtes Verhalten demonstrieren. Die Fachperson kann dabei ein wichtiges Vorbild oder «Modell» für die Familienmitglieder sein.

Schritte für das Modell stehen

1. Bewusst einleiten und die Aufmerksamkeit sichern.
2. Vormachen des gewünschten Verhaltens (z. B. in einem Rollenspiel).
3. Beschreiben, aus welchen Schritten das Verhalten zusammengesetzt ist, und warum es erwünscht ist.
4. Überprüfen, ob das Gegenüber verstanden hat.

Beispiel
Frau Jauss kommt um vier Uhr zur Familie Totü. Sie begrüßt die Mutter und geht dann zu Hakan, der mit seinen Schulsachen vor dem Fernseher sitzt. Sie spricht Hakan bewusst an und sagt: «Hallo Hakan, wir haben heute noch einiges zu tun. Ich brauche dich dann sicher noch eine gute halbe Stunde allein. Deine Mutter und Du haben doch vereinbart, dass du in deinem Zimmer Aufgaben machst. Hast du das vergessen? Bring doch rasch deine Sachen ins Zimmer, dann können wir anschließend besprechen, was heute unsere Themen sind.»

Anschließend fragt Frau Jauss die Mutter, ob sie beachtet hat, was sie gemacht hat. Sie kündigt an, dass sie eine ähnliche Situation einmal gemeinsam üben können.

In dieser Situation macht die Fachperson Gebrauch von einem so genannten «ungeplanten Lehrmoment». Diese Möglichkeit bot sich spontan in der Situation an, und die Familienarbeiterin beschloss, diese Chance zu nutzen. Diese Form des Lernens in Ad-hoc-Situationen hat sich als sehr effektiv erwiesen. Lehrmomente für Modell-Lernen können aber auch bewusst geplant und vorbereitet werden.

12.5 Die Verhaltensübung

Die Verhaltensübung geht weiter als das Modell stehen, weil hier das Familienmitglied aufgefordert wird, das erwünschte und vorgezeigte Verhalten nachzuahmen und auf diese Weise zu üben.

> **Die Schritte für die Verhaltensübung**
>
> 1. Vorstellen der Übung und genau beschreiben, um welche Fähigkeiten, um welches Verhalten es gehen soll.
> 2. Die Fähigkeit und die Schritte beschreiben und vordemonstrieren.
> 3. Ein «Darum» angeben.
> 4. Überprüfen, ob das Gegenüber verstanden hat.
> 5. Einüben der Fähigkeit.
>   Dies ist der wichtigste Schritt in der Verhaltensübung. Das Familienmitglied hat die Chance, die Fähigkeit in einer sicheren Situation auszuprobieren. Nehmen Sie beim Üben eine sehr aktive Haltung ein. Instruieren Sie das Familienmitglied so, dass es Spaß macht zu üben. Stellen Sie sich zum Beispiel zu Beginn der Übung hin oder wechseln Sie den Platz. Dadurch machen Sie einen deutlichen Unterschied zwischen dem eigentlichen Üben und dem Rest der Verhaltensübung. Beginnen Sie mit einfachen und vor allem nicht zu emotionalen Beispielen und machen Sie womöglich positive Bemerkungen.
> 6. Feedback geben.
> 7. Gemeinsam herausfinden, wo die Fähigkeit überall angewendet werden kann (Generalisierung).

Das Familienmitglied lernt neues Verhalten leichter, wenn die Fachperson die Fähigkeiten, die gelernt werden sollen, in deutlich erkennbare Schritte unterteilt und in beobachtbaren Begriffen beschreibt.

Die Fähigkeit «**Regeln durchsetzen**» kann z. B. in folgende Schritte unterteilt werden:
1. Aufmerksamkeit wecken und Kontakt herstellen.
2. Etwas Positives sagen und das Kind anschauen.
3. Bestimmt und klar an die Abmachung erinnern.
4. Sagen, welches Verhalten jetzt erwünscht ist.

Das Unterteilen einer Fähigkeit in Schritte ist am Anfang ungewohnt. Zur Konkretisierung kann die Fähigkeit von der Fachperson vordemonstriert werden, so ergibt sich, welche Schritte wichtig sind, welche überflüssig und welche fehlen. Als Faustregel gilt, dass eine Fähigkeit maximal in vier oder fünf Schritte unterteilt werden soll. Abschließend können die Schritte festgehalten und z. B. gemeinsam mit dem Familienmitglied visualisiert werden mit Zeichnungen, Bildern etc.

> **Übung in einer Kleingruppe** (nach den Spielregeln von S. 72)
>
> *Aufgabe*
> 1. Bereiten Sie eine Sequenz vor, in dem mit Frau Totü die Fähigkeit «Regeln durchsetzen" geübt wird.
> 2. Orientieren Sie sich an die Schritte der Verhaltensübung.
> 3. Berücksichtigen Sie die Schritte, die zu dieser Fähigkeit gehören.
> 4. Üben Sie in mehreren Durchgängen und in verschiedenen Rollen.
>
> *Feedback*

12.6 Fähigkeiten generalisieren

Nicht nur das Erlernen bestimmter Fähigkeiten ist wichtig, sondern es ist mindestens so wichtig, die Fähigkeiten im richtigen Augenblick anzuwenden. Wenn sich das Familienmitglied mit Hilfe einer Verhaltensübung eine bestimmte Fähigkeit erworben hat, ist der nächste Schritt zu schauen, in welchen Situationen (**S** in der **SRC**-Kette) die Fähigkeit überall eingesetzt werden kann (Generalisierung).

> *Beispiel*
> *Nach der Übung mit Frau Totü halten Sie fest (in der gleichen Sitzung oder in der nächsten), wo sie die erworbene Fähigkeit (resp. die Schritte dazu) im Alltag mit ihrem Sohn einsetzen kann. Visualisieren Sie die gefundenen Möglichkeiten und verbinden Sie eine davon allenfalls nochmals mit einer kleinen Übung.*

Eine bestimmte Fähigkeit kann nicht in jeder Situation so eingesetzt werden, dass kompetentes Handeln resultiert. Das heißt, dass es wichtig ist, Situationen nach ihren Möglichkeiten und Bedingungen unterscheiden zu lernen und günstige Situationen zu erkennen.

> *Beispiel*
> *Hakan möchte mit seiner Mutter darüber sprechen, ob er am Samstag bei einem Kollegen übernachten darf. Er hat aber hat Angst, seine Mutter darum zu bitten. Das Risiko ist groß, dass sie nein sagt und dass es Streit gibt. Zusammen mit Frau Jauss hat er mittels einer Verhaltensübung geübt, wie er sein Anliegen adäquat vorbringen kann. Nun besprechen sie, unter welchen Umständen er seinen Wunsch am besten anbringt, so dass eine große Chance besteht, dass die Mutter ihn ernst nimmt. Sie suchen gemeinsam nach günstigen und ungünstigen Bedingungen.*

Tabelle 9: Günstige und ungünstige Bedingungen

günstig	ungünstig
- die Mutter hat Zeit - die Mutter muss nicht zur Arbeit gehen - ich bin gut drauf - ich habe die Abmachungen eingehalten	- die Mutter ist beschäftigt - die Mutter ist gestresst wegen der Arbeit - es ist Besuch da - ich habe meine Aufgaben nicht gemacht

Nach dieser Bedingungsanalyse sollte es Hakan möglich sein, sein Anliegen in angemessener Form und zum richtigen Zeitpunkt anzubringen: Hakan kann die Fähigkeit «um einen Gefallen bitten» kompetent anwenden.

12.7 Zusätzliche Aufgaben einführen

Wenn Familienmitglieder unerwünschtes Verhalten zeigen, ist dies nicht immer auf zu schwere Aufgaben zurückzuführen. Auch zu leichte Aufgaben bei vorhandenen Fähigkeiten führen zu einem Ungleichgewicht in der Kompetenzbalance. Wenn die Aufgaben zu leicht sind resp. wenn gewisse Aufgaben gar nicht gestellt werden, werden wichtige Lernchancen nicht genutzt. Zusätzliche Aufgaben können vorhandene Fähigkeiten der betreffenden Person besser nutzbar machen resp. um neue Fähigkeiten erweitern. Neue Aufgaben sollten vom Schwierigkeitsgrad her herausfordernd, aber nicht überfordernd sein.

> *Beispiel*
> *Hakan und seine Mutter führen ein, dass Hakan einmal in der Woche für das Abendessen einkauft und kocht. Damit entlastet er die Mutter und entwickelt die Fähigkeit zu kochen. Er bekommt Lob von der Mutter, und das Risiko für unerwünschtes Verhalten wird kleiner.*

13 Gedanken und Gefühle beeinflussen

Wenn die Kompetenzanalyse zeigt, dass vorhandene Fähigkeiten nicht genutzt werden können oder das Lernen von Fähigkeiten blockiert ist, kann dies auf störende Gedanken und negative Gefühle zurückzuführen sein, die als interne Risikofaktoren wirken. In diesem Fall ist es sinnvoll, nicht am beobachtbaren Verhalten zu arbeiten, sondern an den Gefühlen und Gedanken, die dieses Verhalten beeinflussen. Um störende Gedanken zu erkennen und daran zu arbeiten, wird die Technik «Störende und helfende Gedanken» benutzt. Um den Umgang mit schnell eskalierenden Gefühlen zu lernen, können der «Thermometer» und die «Erste Hilfe-Karte» eingeführt werden. Auch bestimmte Techniken, um Emotionen und Gefühlen zu erkennen und zu benennen, können in einer Familie gut eingesetzt werden.

Arbeit im Alltag und Therapie

Die Arbeit an Gedanken und Gefühlen ist anspruchsvoll. Das ist das Spezialgebiet von Therapeutinnen und Therapeuten – Fachpersonen der Sozialen Arbeit sind dafür nicht spezifisch ausgebildet. Es hat sich aber gezeigt, dass die Analyse konkreter Alltagssituationen und der dabei aktivierten Gedanken und Gefühle im Hier und Jetzt sehr hilfreich für Veränderungen bei Kindern und Eltern genutzt werden können. Die biographische Deutung von Gefühlen kann nicht im Fokus sozialarbeiterischer Interventionen stehen – der Bezug zum situativen Erleben sehr wohl. Die Familienarbeitenden müssen für diese Interventionstechnik gut ausgebildet und gecoacht werden. Und wenn sich im Kontakt mit einem Familienmitglied zeigt, dass die Aktivierung von gefühlsmäßigen Anteilen nicht möglich ist oder zu Problemen führt, ist die Schnittstelle zur Therapie markiert. Dann steht die Vermittlung an entsprechende Fachpersonen an – eine Therapeutisierung der aufsuchenden Familienarbeit ist entschieden nicht unsere Absicht.

13.1 Störende und helfende Gedanken

Die Bedeutung von Gedanken und Gefühlen ist der zentrale Bestandteil des E(GG)VF-Modells, das wir in der kognitiven Lerntheorie beschrieben haben. In konkreten Situationen entstehen bzw. werden Gedanken und Gefühle aktiviert, die das Verhalten prägen. Die Technik «Störende und helfende Gedanken» will Familienmitglieder,

> *helfen zu verstehen, dass Gefühle und Verhalten beeinflusst werden von den Dingen, die sie denkt resp. zu sich selber sagt;*

> *unterstützen darauf zu achten, was sie denken und was sie zu sich selber sagen (innerer Monolog);*

> *helfen, andere Gedanken zu formulieren und auf eine andere Art zu sich selber zu sprechen.*

Das Ziel der Technik ist es, die störenden Gedanken und Ideen durch so genannt «helfende» Gedanken zu ersetzen, die kompetentes Verhalten fördern können. Um das zu erreichen, müssen die störenden Gedanken hervor geholt und zur Diskussion gestellt werden. Dazu können folgende Fragen hilfreich sein:

> *Was geht mir jetzt durch den Kopf (Erkennen des Gedankens)*
> *Ist der Gedanke wahr resp. realistisch?*
> *Hilft der Gedanke zu erreichen, was ich will?*
> *Hilft der Gedanke, Gefühle zu vermeiden, die ich nicht will?*
> *Hilft der Gedanke Konflikte zu vermeiden, die ich nicht will?*

Beispiel

Frau Totü sieht das Hakan vor dem Fernseher sitzt und sich lustlos mit seinen Schulaufgaben befasst. Sie denkt: «Er hört nicht auf mich und hält sich nicht an den Abmachungen. Ich bin eine schlechte Mutter, und Hakan wird ins Heim gehen müssen». Diese Gedanken führen dazu, dass sie schweigt und in die Küche verschwindet.

Die Gedanken von Frau Totü müssen als «störend» bezeichnet werden. Sie stehen der Mutter im Weg, um mit Hakan adäquat umzugehen und können – im Sinne einer sich selber erfüllenden Prophezeihung – dazuführen, dass Hakan tatsächlich fremd platziert werden muss.

Umgang mit der Technik

Die Technik «Störende und helfende Gedanken» wird eingesetzt, wenn störende Gedanken im Verhalten eines Familienmitglieds eine Rolle spielen, und wenn die Technik geeignet erscheint, einen der Arbeitspunkte zu erreichen, die gemeinsam formuliert wurden. Die Technik wird erst in der zweiten Hälfte der Veränderungsphase angewendet, weil sie eine tragfähige Arbeitsbeziehung voraussetzt, die auf gute Erfahrungen und erste Erfolgserlebnisse basiert.

Schritte für die Arbeit mit störenden Gedanken

1. Führen Sie in die Aufgabe ein. Erläutern Sie, was störende Gedanken sein können.
2. Laden Sie das Familienmitglied ein, eine Situation zu beschreiben, in dem störende Gedanken eine Rolle gespielt haben.
3. Laden Sie das Familienmitglied ein, die Gedanken und Gefühle in der Situation zu beschreiben.
4. Listen Sie gemeinsam die störenden Gedanken auf (z. B. auf Papierstreifen)
5. Formulieren Sie gemeinsam adäquates/alternatives Verhalten.
6. Entwickeln Sie zusammen mit dem Familienmitglied hilfreiche Gedanken und schreiben Sie diese wieder auf Papierstreifen.
7. Ermitteln Sie die guten Gefühle, die entstehen könnten, und schreiben Sie auch diese auf.
8. Transfer/Übungen für helfende Gedanken als Hausaufgabe

Das folgende Beispiel illustriert, wie mit dem **Formular SHG** gearbeitet werden kann. Es geht um Frau Totü in der oben bereits beschriebenen Situation. Das Formular nimmt die Dimensionen des E(GG)VF-Modells der kognitiven Lerntheorie auf.

1. Wie war die Situation (E)?	
Ich kam in die Stube und sah, wie Hakan vor dem Fernsehen lustlos seine Aufgaben machte.	
2. Was habe ich getan (Problemverhalten = V)?	6. Was wäre erwünschtes/hilfreiches Verhalten?
Ich ging in die Küche und bereitete das Abendessen vor.	Ich spreche mit Hakan und sage ihm, was wir abgemacht haben.
3. Was war die Folge (F)?	7. Was wäre eine erwünschte Folge?
Hakan blieb vor dem Fernseher sitzen und rief, dass er etwas zu trinken haben wolle.	Hakan geht in sein Zimmer und macht seine Aufgaben.
4. Was habe ich gedacht? (G)	8. Was wären hilfreiche Gedanken?
Er hört nicht auf mich und hält sich nicht an den Abmachungen. Ich bin eine schlechte Mutter, und Hakan wird ins Heim gehen müssen.	Ich kann etwas tun, damit Hakan nicht ins Heim muss. Ich bin seine Mutter und trage Verantwortung für ihn.
5. Was habe ich gefühlt? (G)	9. Welche Gefühle würden dann entstehen?
Ich war ganz traurig.	Stolz und Freude.
10. Wie gehe ich in einer vergleichbaren Situation vor? (Generalisierung)	
Ich gehe ganz ruhig auf Hakan zu und schaue ihn an. Ich sage, dass wir eine Abmachung haben und was das jetzt heißt. Ich sage ihm, dass es mir wichtig ist, dass er zuhause bleiben kann, und dass wir uns dafür gemeinsam anstrengen.	

13.2 Techniken für den Umgang mit Gefühlen

13.2.1 Das Thermometer und die Erste-Hilfe-Karte

In vielen Familien werden die Familienarbeitenden mit eskalierenden Gefühlen konfrontiert, die die Sicherheit in der Familie resp. für bestimmte Personen in der Familie oder in anderen Systemen gefährden. Das können Gefühle wie Wut oder Ärger sein, die in Aggression und Gewalt ausarten können, aber auch Gefühle wie Depression oder Angst, die sich auf den Alltag in der Familie sehr stark auswirken und die Entwicklung der Kinder gefährden können. Das Thermometer mit Erste-Hilfe-Karte (Spanjaard & Haspels, 2005) vermittelt eine hilfreiche Vorgehensweise. Das Thermometer kann auch in anderen Situationen als bei eskalierenden Gefühlen eingesetzt werden, z. B. um jemandem zu befähigen, besser mit Alkohol und Drogen umzugehen (was tust du, wenn du in Versuchung kommst?) oder um zu Freunden, die einen unter Druck setzen, nein sagen zu lernen (in welchem Moment sagst du nein zu Vorschlägen, die dir nicht passen?). Das Thermometer und die Erste-Hilfe-Karte können Familienmitgliedern helfen, ihre Gefühle und Reaktionen besser und frühzeitiger zu erkennen und Verhaltensalternativen zu nutzen.

Das Thermometer ist geeignet für Erwachsene und Kinder/Jugendliche ab ca. 12 Jahren. Das Ziel ist es, eskalierende Gefühle zu benennen und durch andere zu ersetzten. Das Familienmitglied bekommt Verhaltensalternativen angeboten, durch die es lernt, in schwierigen Situationen so zu reagieren, dass es für sich selbst und andere keine Gefahr darstellt. Mit Hilfe des Thermometers und der Erste Hilfe-Karte setzt sich ein Familienmitglied mit Gefühlen auseinander, durch die es früher überwältigt wurde.

Erstellen eines Thermometers mit Erste-Hilfe-Karte

Das Thermometer enthält eine Auflistung aufeinander folgender Gefühlsregungen in aufsteigender Intensität. Die Erste-Hilfe-Karte enthält eine Zusammenstellung alternativer Verhaltensweisen. Für die Herstellung eines Thermometers mit Erste-Hilfe-Karte braucht es ein Blatt Papier oder – noch besser – einen Karton. Das Thermometer wird zusammen mit dem Familienmitglied auf der Vorderseite erstellt. Auf der Rückseite werden als Erste-Hilfe-Karte Verhaltensalternativen formuliert.

Der Karte wird – je nach Problemstellung – ein passender Name gegeben (z. B. Stress-Thermometer, Stress-Hilfe, Angst-Thermometer, Wut-Thermometer, Gefühlsmesser, Stimmungsmesser).

Skala von Gefühlslagen

Die Fachperson erläutert, dass ein bestimmtes Gefühl, beispielsweise Wut oder Depression, nicht ganz plötzlich da ist, sondern sich nach und nach aufbaut. Es gibt eine Skala von Gefühlslagen, die z. B. von einem guten Gefühl zu sehr wütenden, ängstlichen oder depressiven Gefühlen führt. Die Fachperson sucht zusammen mit dem Familienmitglied nach dem Anfangs- und Endpunkt dieser Gefühlsskala. Den Anfangspunkt bildet eine Situation, in der sich das Familienmitglied wohl fühlt. Diese Situation resp. dieses Gefühl erhält die Zahl 1 und wird mit einem Stichwort beschrieben. Den Endpunkt bildet eine Gefühlslage, in der sich das Familienmitglied extrem wütend, sehr depressiv oder extrem verängstigt fühlt resp. etwas Bestimmtes tut. Auch dieses Gefühl resp. die Tätigkeit wird benannt und erhält die Zahl 10.

Dann werden erste Differenzierungen der Gefühle angebracht, indem gefragt wird, welchen Wert das Familienmitglied seiner heutigen Stimmung oder seinem heutigen Gefühl geben würde. In der Regel wird das mit einer Zahl variierend von 3 bis 4 angegeben. Das ist ziemlich ruhig, aber es ist auch ein gewisses Unbehagen oder Gespanntheit wahrnehmbar.

Gefahrenzone

Fragen Sie das Familienmitglied, auf welchem Niveau der 10-Punkte-Skala es die Kontrolle verlieren würde, d.h. wo es nicht mehr ohne weiteres möglich ist, die Gefühle zu stoppen. Es ist wichtig, die Zahl, die das Familienmitglied nennt, zu übernehmen, ob das nun eine 4 oder eine 6 ist. Das bestärkt das Familienmitglied darin, dass es selbst die Entscheidungen trifft und dass es sich um seine Karte handelt. Vor dem Beginn der Gefahrenzone müssen alternative Verhaltensweisen oder Aktivitäten gesucht werden, die helfen, die bedrohlichen Gefühle wieder in den Griff zu bekommen.

Alternativen: die Erste-Hilfe-Karte

Die Fachperson sucht danach zusammen mit dem Familienmitglied möglichst viele Alternativen, um die Kette eskalierender Gefühle so zu unterbrechen, dass es nicht zu unerwünschtem Verhalten kommt. Sie bringt das Familienmitglied auf Ideen durch Beispiele, die nicht speziell auf seine Situation Bezug nehmen müssen, und ermutigt zur Formulierung eigener Alternativen. Nachdem genug Alternativen aufgeschrieben sind, erstellt das Familienmitglied eine Reihenfolge und nummeriert die Alternativen. Abschließend werden die Alternativen auf der Rückseite des Thermometers gut leserlich aufgeschrieben. So entsteht die ganz persönliche Erste-Hilfe-Karte.

Schritte für das Erstellen eines Thermometers

1. Verschiedene Stadien von Gefühlen erkennen, diese beschreiben und eintragen.
2. Die Gefahrenzone erkennen und diese auf dem Thermometer benennen.
3. Brainstorming zu Alternativen: die Erste-Hilfe-Karte erstellen.
4. Mit dem Thermometer üben.

Beispiel

In der Schulklasse und auf dem Pausenplatz zeigte Hakan mehrmals verbal und körperlich aggressives Verhalten, das die Lehrerin nicht tolerieren will. Hakan selber hat sich zu seinem aggressiven Verhalten einen Arbeitspunkt gemacht. Er will lernen, Wut und Ärger mit Worten zu äußern.

Frau Jauss nimmt sich Zeit und erarbeitet mit Hakan seinen Wut-Thermometer, den er zusammen mit der Erste-Hilfe-Karte immer dabei hat. Er nimmt die Karte hervor, wenn seine aggressive Gefühle ungefähr bei Punkt 5 angelangt sind, und wählt je noch Situation eine Variante aus.

Abbildung 8: Thermometer mit Erste-Hilfe-Karte

10 </br> zuschlagen
9 </br> brüllen/drohen
8 </br> schimpfen
7 </br> schreien
6 </br> wütend
5 </br> **drehe die Karte um!** </br> nervös
4 </br> gereizt
3 </br> irritiert, gespannt
2 </br> aufmerksam
1 </br> ruhig, locker

→

Erste Hilfe (auf der Rückseite):

1. Auf meinem Ruhepunkt schauen und an meinen Arbeitspunkt denken.
2. Aufstrecken und die Lehrerin fragen, was sie gemeint hat.
3. Weiterlaufen und sagen, dass ich nach Hause gehe
4. Mit Sarah reden.
5. Einen DVD anschauen.
6. Etwas kochen.

Üben

Die Fachperson verabreden mit dem Familienmitglied, das Thermometer und die Erste-Hilfe-Karte an einen gut sichtbaren Platz zu legen oder aufzuhängen, z. B. auf dem Fernseher, neben dem Spiegel, neben dem Bett oder auf dem Arbeitstisch. Das Thermometer kann auch mit in die Schule oder an die Arbeit genommen werden. In kritischen Situationen kann es helfen, zu überlegen, wo die Gefühle stehen und welche Alternative der Ersten-Hilfe-Karte jetzt hilfreich sein könnten. Das Familienmitglied bekommt den Auftrag, regelmäßig auf das Thermometer und die Erste Hilfe-Karte zu schauen, beispielsweise dreimal täglich. Eine weitere Möglichkeit besteht darin, dass das Familienmitglied jeden Tag aufschreibt (z. B. im Tagebuch), auf welchem Stand das Thermometer zu diesen verschiedenen Zeitpunkten steht. Die Fachperson geht bei einem folgenden Besuch die Eintragungen mit dem Familienmitglied gemeinsam durch. Wenn die verschiedenen Stadien auf dem Thermometer und die Alternativen auf der Erste-Hilfe-Karte immer wieder besprochen werden, erhöht sich die Chance, dass sie, wenn nötig, auch wirklich genutzt werden. Ganz wichtig: der Thermometer sensibilisiert für die emotionale Gestimmtheit im Verlaufe des Tages und ist somit ein wichtiges Instrument für das Selbstlernen (Selbstbeobachtung, Selbstbewertung, Selbststeuerung).

Ampel

Die Ampel – ein Karton mit drei Kreisen in den Farben rot, orange, grün – kann bei jüngeren Kindern oder bei Familienmitgliedern mit eingeschränkten kognitiven Fähigkeiten eingesetzt werden. Die Ampel ist ein vereinfachter und bildlicher Thermometer. Mit dem Familienmitglied wird besprochen, woran es merkt, dass die Ampel auf grün (gute Gefühle) steht, wann die Gefahrenzone kommt (orange) und wann nichts mehr geht resp. unerwünschtes Verhalten einsetzt (rot). Es werden – wie beim Thermometer – Alternativen entwickelt, die eher mit Bildern als mit Wörtern dargestellt werden.

13.2.2 Gefühle erkennen und benennen

Viele Techniken unterstellen, dass Familienmitglieder in der Lage sind, ihre Gefühle zu erkennen und sie dann auch zu äußern (Fähigkeit zur Selbstbeobachtung). Dies ist aber häufig nicht der Fall. Einige spielerische Techniken sollen helfen, Gefühlsregungen besser wahrzunehmen und in Kontakt mit anderen präziser auszudrücken.

Das Gefühlsrad

Für diese Technik wird eine Art Uhr (viereckig oder rund) mit einem Zeiger benötigt. Anstelle der Ziffern sind eine Anzahl Gefühle aufgeschrieben, beispielsweise «stark», «froh», «glücklich», «angespannt», «unzufrieden», «wütend», «ängstlich», «bekümmert», «unglücklich», «entspannt», «zufrieden», «ruhig». Das Familienmitglied schaut gemeinsam mit der Fachperson, welche Gefühle es in diesem Augenblick hat oder in einer bestimmten Situation gehabt hat. Es stellt den Zeiger des Rads auf dieses Gefühl. Es darf den Zeiger auch zwischen zwei Gefühle stellen, beispielsweise zwischen bekümmert und unglücklich, und es können auch zwei Zeiger verwendet werden. Um einen vertiefteren Einblick zu erhalten und die Ausdrucksfähigkeit zu verbessern, wird jeweils nach weiteren Gefühlen gefragt, die mit dem bezeichneten Gefühl auf dem Gefühlsrad einhergehen. Nachdem das Familienmitglied ein Gefühl gewählt, sprachlich erläutert und konkretisiert hat, kann besprochen werden

> *wie das Familienmitglied mit diesem Gefühl umgehen kann;*

> *wie das Familienmitglied ein belastendes Gefühl in Richtung des entgegengesetzten Gefühls verändern kann (beispielsweise mittels der Technik «Störende und helfende Gedanken» oder mittels Verhaltensübungen);*

> *wie dieses Gefühl anderen deutlich gemacht werden kann, beispielsweise durch Ich-Botschaften, die in Verhaltensübungen gelernt werden können.*

Die Übung «Gefühlsrad» ist für Kinder unter 10 Jahren weniger geeignet, weil ihre kognitive Entwicklung diese Art der Selbstreflexion noch nicht zulässt. Das Gefühlsrad kann auch mit mehr als einer Person gleichzeitig gemacht werden. Dann ist es die Aufgabe der Fachperson, den Austausch unter den Familienmitgliedern zu moderieren mit dem Ziel, die Wahrnehmung von Gefühlen bei sich selber und beim Gegenüber zu verbessern.

Darstellen von Gefühlen

Dies ist eine Technik, die mit mehreren Familienmitgliedern eingesetzt werden kann. Hierzu schreibt die Fachperson eine Reihe von Gefühlen auf kleine Karten oder Zettelchen. Sie verteilt einzelnen Familienmitgliedern nacheinander ein Kärtchen und bittet sie, das Gefühl darzustellen, das auf ihrem Kärtchen steht. Die anderen Familienmitglieder müssen raten, welches Gefühl dargestellt wird. Diese Übung illustriert, dass deutlich gezeigte Gefühle anderen helfen, darauf einzugehen und darauf Rücksicht zu nehmen. Und die Übung lehrt die Familienmitglieder, sich in die Position eines Gegenübers einzufühlen (Positionswechsel).

Diese Übung kann wie folgt erweitert werden:
Die Fachperson stellt den Familienmitgliedern die Frage, ob das Familienmitglied, das gerade ein Gefühl dargestellt hat, dieses Gefühl im Alltag auf die gleiche Art äußern wird. Wenn nicht, fragt die Fachperson weiter, wie das Familienmitglied dieses Gefühl in der Regel äußert und ob für die anderen Familienmitglieder jeweils klar genug ist, in welcher Gefühlslage das Familienmitglied ist. Die Fachperson fragt das Familienmitglied, ob ihm das Gefühl, das es gerade dargestellt hat, vertraut ist und wenn ja, ob es dieses Gefühl meistens auch in der gerade gezeigten Form äußert. Wenn nicht, fragt die Fachperson, wie es dieses Gefühl sonst äußert.

Selbstverständlich müssen Familienmitglieder für diese Übung in der Lage sein, einander zu beobachten und miteinander zu sprechen. Abhängig vom Verlauf der Übung können danach mit Familienmitgliedern Absprachen getroffen werden, wie in Zukunft ein Gefühl geäußert werden soll, und wie die Familienmitglieder gegenseitig sorgfältiger mit ihren Gefühlen umgehen können. Die Übung kann auch sehr gut als Setting für die Verbesserung von Kommunikationsfähigkeiten genutzt werden.

> *Bespiel*
>
> *Hakan und seine Mutter machen das Spiel zusammen mit Frau Jauss. Als die Mutter das Kärtchen «traurig sein» erhält, schaut sie aus dem Fenster und schliesst die Augen. Hakan rät, dass die Mutter «gelangweilt sein» spielt. Als die Mutter sagt, sie zeige «traurig sein» und sagt, dass sie das Gefühl im Alltag ähnlich ausdrücke, sagt Hakan ganz erstaunt, dass sie dann sehr viel traurig sei, was die Mutter bestätigt. Hakan ist betroffen und sagt, dass er besser darauf achten will, wie es der Mutter gehe.*

Emoticons/Bilder

Emoticons sind kleine Gesichter mit einfachen Strichen, die ein Gefühl ausdrücken, beispielsweise «froh», «glücklich» ☺, «böse», «bekümmert», «ängstlich» ☹. Es können auch Bilder aus Zeitschriften ausgeschnitten werden, auf denen Gefühle in den Gesichtern der Personen sichtbar werden. Emoticons/Bilder sind vor allem für die Arbeit mit Kindern geeignet. Das Kind, mit dem diese Übung gemacht wird, bekommt eine kleine Spielfigur. Anhand verschiedener von der Fachperson vorgeschlagener Situationen (beispielsweise: Deine Freundin sagt, dass du einen blöden Pullover anhast, die Lehrerin gibt dir eine gute Note, deine Mutter weckt dich zu spät, es gibt was Gutes zum Essen) wird das Kind aufgefordert, die Spielfigur auf das Gesichtchen resp. auf dem Bild zu setzen, das am besten zu dem Gefühl passt, welches das Kind in dieser Situation haben würde. Danach wird das Kind gefragt, wie es das Gefühl gegenüber anderen zeigen würde. Wenn sinnvoll, kann in der Folge mit dem Kind geübt werden, wie es Gefühle so ausdrücken kann, dass andere verstehen, wie es ihm geht. Die Übung mit Kindern kann ergänzt wird durch Zeichnungen von Gesichtern, die die Kinder selber herstellen.

14 Alltagsprobleme lösen

Sehr häufig müssen in der Familie wichtige Entscheide getroffen und handfeste Alltagsprobleme gelöst werden. Viele KOFA-Interventionen werden gerade deshalb eingeleitet, weil die Familie nicht mehr in der Lage ist, Probleme des alltäglichen Zusammenlebens mit den eigenen Mitteln und Möglichkeiten zu lösen. Das Vermitteln und Üben von Fähigkeiten, mit denen Familien ihre Probleme lösen können, verbessert die Alltagskompetenz der Familienmitglieder, wie wir bereits im Kap. 12 (Fähigkeiten erweitern) gesehen haben. Aufgaben können auch dadurch erleichtert werden, dass die Fachperson diese vorübergehend abnimmt, strukturiert oder ordnet (Aufgabenerleichterung, Kap. 11). In diesem Kapitel kommen Techniken hinzu, wie Familienmitglieder befähigt werden, Aufgaben anders wahrzunehmen, beispielsweise indem größere Aufgaben in kleinere übersichtlichere Aufgaben unterteilt werden. Die Technik «Kleine Brötchen backen» kann hilfreich sein, um aus großen Problemen, aus dem «Teig», essbare Brötchen zu backen. Eine zweite wichtige Technik zur Lösung von Alltagsproblemen ist das «Bleistift- und Papier-Training».

14.1 Kleine Brötchen backen

Viele Probleme in einer Familie werden dargestellt als klebriger Teig, in den jedes Familienmitglied etwas hineingetan hat, wo viele herumrühren, woraus aber kaum essbare Brötchen gebacken werden können. Hier kann die Fachkraft helfen, zu entwirren und schrittweise kleine Klümpchen aus der großen Schüssel zu nehmen und daraus eine Lösung zu entwickeln.

> *Beispiel*
>
> *Frau Totü will eine andere Stelle, an der sie tagsüber arbeiten kann. Aber das geht nicht, weil Putzen fast nur am Abend möglich ist. Oder dann müsste sie selber Arbeitgeber suchen, aber das geht nicht, weil … Und Hakan braucht sie halt auch am Tag, also geht das auch nicht. Und ihre Gesundheit ist angeschlagen, weil sie seit der Scheidung so schlecht schlafen könne. Und sie habe so zugenommen, weil sie aus Kummer zu viele Süßigkeiten esse. Und Hakan finde, der Vater könne mehr Alimente zahlen, der verdiene genug. Und die Sozialarbeiterin im Sozialzentrum behandle sie wie eine Schmarotzerin. Und das sei, weil sie Türkin sei, sagt Hakan.*
>
> *Frau Jauss schreibt die verschiedenen Themen auf Papierstreifen, und gemeinsam machen sie eine Ordnung: was ist wichtig, was kommt zuerst, was kann warten, was kann weg. So bleibt am Schluss die Frage nach einer anderen Stelle, die auch eine andere Tätigkeit als putzen beinhalten könnte (z. B. Magazin- und Einräumarbeiten im Supermarkt). Diese Aufgabe packen sie nun systematisch an.*

> *Eine Stelle suchen*
>
> - *Inserate in Gratisanzeigern heraussuchen*
> - *bei Freundinnen nachfragen*
> - *Inserate in Einkaufszentren aufhängen*
> - *beim Supermarkt im Quartier nachfragen*
>
> *Schritte zu einer Bewerbung*
>
> - *nach einer Anzeige/freien Stellen suchen (siehe oben)*
> - *telefonieren für weitere Informationen (und eventuell für eine Verabredung)*
> - *eventuell einen Bewerbungsbrief schreiben*
> - *Bewerbungsgespräch vorbereiten und durchführen*
>
> *Frau Jauss geht mit der Mutter diese Schritte durch, damit sie ein realistisches Bild gewinnt, was geschehen muss, damit sie eine Stelle finden kann. Auf diese Weise wird auch deutlich, welche Schritte begleitet und welche Fähigkeiten speziell geübt werden müssen. Dann gibt sie Frau Totü eine Hausaufgabe.*

14.2 Bleistift- und Papier-Training

Das Bleistift- und Papier-Training ist eine Strukturierungstechnik, die zur Lösung von Entscheidungsproblemen oder beim Verhandeln über Meinungsverschiedenheiten angewendet werden kann. Bei dieser Methode werden Entscheidungsprozesse visualisiert. Bei der ersten Einführung der Trainingsmethode in die Familie übernehmen die Fachpersonen die Visualisierung, weil sie geübt sind, Informationen möglichst übersichtlich zu Papier zu bringen. So erlernen die Familiemitglieder am Modell eine Arbeitsweise kennen, mit der sie in Zukunft an neue Probleme oder Meinungsverschiedenheiten herangehen können.

Das Bleistift und Papier-Training kann entweder mit einem einzelnen Familienmitglied oder aber mit der ganzen Familie bzw. einem Teil der Familie durchgeführt werden. Im ersten Fall ist es eine Methode, um die Lösung für ein individuelles Problem zu finden. Im zweiten Fall ist es eine Möglichkeit, um den Verhandlungsprozess zwischen den Familienmitgliedern zu strukturieren.

14.2.1 Bleistift- und Papier-Training mit einem einzelnen Familienmitglied

Wenn ein Familienmitglied ein Entscheidungsproblem hat, bei dem es nicht ohne Weiteres eine Lösung weiß, hilft die Methode, mögliche Lösungsvarianten mit Vor- und Nachteilen zu sammeln, um danach einen fundierten Entscheid fällen zu können.

Die Schritte sind

1. Beschreiben des Problems
Eine gute Beschreibung des Problems ist kurz und konkret. Das Problem wird oben auf das Papier geschrieben. Das Papier wird nun in vier Spalten geteilt, wobei die letzte Spalte schmaler ist als die ersten drei. Die erste Spalte wird mit «Ideen» überschrieben, die zweite mit «Vorteile», die dritte mit «Nachteile» und die letzte mit «Bewertung» (oder «+/-»). Es kann auch gut mit einzelnen Papierstreifen gearbeitet werden, die auf dem Boden oder auf dem Tisch ausgelegt werden.

2. Brainstorming für Alternativen
Die Fachperson schreibt alle Ideen für die Lösung des Problems, die das Familienmitglied nennt, in die linke Spalte (resp. auf Streifen). Auch die Ideen, die in den Augen der Fachperson nicht adäquat sind, werden notiert. Es geht in diesem Schritt noch nicht darum, wie gut die Vorschläge sind – die Realisierbarkeit wird später geprüft. Die Fachperson fragt – wenn nötig – nach Erläuterungen, damit deutlich wird, was das Familienmitglied mit einer bestimmten Idee genauer meint. Nach den Vorschlägen des Familienmitglieds kommt die Fachperson mit ergänzenden Ideen an die Reihe. Diese werden ebenfalls aufgeschrieben. Auf diese Weise ist es der Fachperson möglich, ihre eigenen Vorstellungen über das, was passieren sollte, anzubringen, ohne dabei als jemand zu erscheinen, der immer alles besser weiß. Indem erst alle möglichen Ideen gesammelt, aufgeschrieben und dann bewertet werden, verhindert man ein «ja, aber ...»-Gespräch oder das sofortige Von-der-Hand-Weisen eines bestimmten Vorschlags, der potenziell gute Elemente enthält.

3. Abwägen der Vor- und Nachteile jeder Idee
Zuerst wird bei jeder Idee darüber nachgedacht, welche Vorteile sie haben könnte. Diese Vorteile werden in die zweite Spalte (oder auf Streifen) hinter die betreffende Idee geschrieben. Danach werden bei jeder Idee die Nachteile geprüft. Diese werden in die dritte Spalte geschrieben. Auch hier kann die Fachperson Vor- und Nachteile anbringen, ohne dass dies vom Familienmitglied als störend erfahren wird. Schließlich fordert die Fachperson das Familienmitglied auf, die Vorschläge mit «+» oder «–» zu bewerten. Ein «+» heißt: Ich denke, dass es eine gute Idee ist. Ein «–» heißt: Ich denke, dass die Idee mehr Nachteile als Vorteile mit sich bringt. Gemeinsam kann anschließend – sofern es angebracht ist – ein Unterschied zwischen kurzfristigen und langfristigen Vor- und Nachteilen gemacht werden.

4. Eine Wahl treffen
Aufgrund der Bewertungen fragt die Fachperson das Familienmitglied, was seiner Meinung nach die beste Lösungsvariante sei. Eventuell prüft sie zusammen mit dem Familienmitglied, ob eine Kombination von Lösungsvorschlägen gefunden werden kann, die möglichst viele Vor- und möglichst wenig Nachteile mit sich bringt. Wenn das Familienmitglied keine Entscheidung treffen kann, kann die Fachperson ihm vorschlagen, eine Probephase von beispielsweise einer Woche einzulegen, um die gewählte Variante zu erproben. Eine andere Möglichkeit ist es, das Familienmitglied nochmals darüber nachdenken zu lassen und beim nächsten Mal darauf zurückzukommen.

5. Erproben der gewählten Lösung im Alltag
Die Fachperson hilft zu überlegen, wie die ausgewählte Lösung im Alltag umgesetzt werden kann. Die Fachperson vereinbart mit dem Familienmitglied eine Periode, in der die Lösung ausprobiert werden soll. Dann kann das Familienmitglied auf Grund gemachter Erfahrungen erzählen, wie sich die Lösung bewährt hat.

Durch das Bleistift- und Papiertraining löst das Familienmitglied nicht nur das konkrete Problem, sondern lernt eine hilfreiche Methode kennen, um Entscheidungsprobleme zu lösen. Die Fachperson vermittelt dem Familienmitglied eine konkrete Fähigkeit, Probleme systematisch und gut überlegt zu lösen. Als Hausaufgabe kann das Familienmitglied für sich die Schritte auf einer Lösungskarte oder im persönlichen Aufgabenheft aufschreiben.

Übung in einer Kleingruppe (nach den Spielregeln von S. 72)

Aufgabe
1. Bereiten Sie ein Bleistift- und Papier-Training mit Frau Totü vor. Es geht um die Frage, ob und wie sie eine neue Stelle suchen soll.
2. Üben Sie in mehreren Durchgängen und in verschiedenen Rollen.

Feedback

14.2.2 Bleistift- und Papier-Training mit der Familie

In großen Zügen verläuft das Bleistift und Papier-Training mit der Familie genauso wie mit einem einzelnen Familienmitglied. Die Fachperson hat während des Bleistift- und Papier-Trainings eine aktive Haltung: sie schreibt mit einem dicken Filzstift regelmäßig Dinge auf, setzt sich wieder hin, fragt nach usw. Wenn die Übung lang dauert oder wenn die Familienmitglieder unkonzentriert werden oder irritiert sind, schlägt sie eine Pause vor oder vertagt die nächsten Schritte auf eine andere Sitzung. Die Fachperson gibt im Prozess viel positives Feedback, sorgt für eine gelöste Stimmung und ermuntert alle, sich zu beteiligen.

Der erste Schritt, die Beschreibung des Problems, ist mit mehreren Personen anforderungsreicher als mit einer Einzelperson. Deshalb ist es wichtig, gemeinsam um eine gute Formulierung zu ringen, die zur Lösungssuche einlädt und nicht von vornherein einzelne Familienmitglieder ausschließt. Deshalb lädt die Fachperson die Familienmitglieder ein, das Problem in eigenen Worten zu benennen, sucht nach Übereinstimmungen in den Formulierungen und beteiligt alle an der endgültigen Formulierung.

Die Schritte 2 – 5 sind die gleichen, wie sie oben für die Arbeit mit einer Person beschrieben sind. Allerdings gilt es hier, Alternativen und Bewertungen mehrerer Personen darzustellen und zu gewichten. Das Ziel ist eine Lösungsvariante, zu der alle Beteiligte ja sagen können, und die für eine vereinbarte Zeit ausprobiert werden kann resp. die für eine vereinbarte Zeit als gemeinsame Lösung gilt.

Manchmal muss der Entscheid für eine Lösung aufgeschoben werden. Die Familienmitglieder haben so die Gelegenheit, vorliegende Lösungsvarianten nochmals zu überdenken und in einer der nächsten Sitzungen darauf zurückzukommen. Das Blatt mit den Lösungsvarianten bleibt dazu in der Familie, mit der Einladung, über die Lösungsvarianten miteinander zu sprechen. So wird vielleicht auch noch eine andere Lösung möglich.

Übung in einer Kleingruppe (nach den Spielregeln von S. 72)

Es geht um die Familien Bleiker und Kress.

Yolanda Bleiker lebt mit ihren zwei Kindern Micha, 14, und Rahel, 17, seit dem Tod ihres Mannes in einer Vierzimmerwohnung. Marc Kress, der neue Freund der Mutter, lebt mit seiner Tochter Christa, 11, seit seiner Scheidung in einer Dreizimmerwohnung in einer Gemeinde, die ca. 30 km entfernt von der Wohnung Bleiker liegt.

Die Tochter Rahel hat erhebliche Probleme: sie hat keine Lehrstelle gefunden, hängt zuhause herum und geht abends spät aus, bleibt manchmal über Nacht weg, kifft regelmäßig und trinkt vor allem am Wochenende viel Alkohol. Die Fachperson ist für die Tochter in die Familie Bleiker geholt worden.

In diesem gemeinsamen Gespräch geht es darum, ob die beiden Familien gemeinsam in eine neue Wohnung umziehen sollen.

Aufgabe
1. Bereiten Sie ein Bleistift- und Papier-Training mit allen Beteiligten vor.
2. Verteilen Sie die Rollen und üben Sie einen Durchgang.
3. Wechseln Sie allenfalls Rollen aus, machen Sie Stopps, wenn nötig, damit die Übung lebendig bleibt und der Lerneffekt erhöht wird.

Feedback

15   Erziehungsfähigkeit verbessern

Als eine der häufigsten Gründe für KOFA-Interventionen wird von den zuweisenden Stellen genannt, dass die Eltern über ungenügende Erziehungsfähigkeiten verfügen. Dies führt dann zu problematischen Verhaltensweisen der Kinder, und umgekehrt stellen Kinder mit problematischen Verhaltensweisen erhöhte Anforderungen an die Erziehungsfähigkeit der Eltern. Häufig ist beides gegeben, und die fehlenden Fähigkeiten von Eltern und Kindern verstärken sich gegenseitig in einer negativen Spirale, die dann in die Krise mündet, welche die Familienhilfe nötig gemacht hat. Kompetenzorientierte Arbeit mit Familien kann auf beiden Ebenen – bei den Eltern und bei den Kindern – ansetzen. In diesem Kapitel wird beschrieben, wie die Fachperson die Erziehungsfähigkeiten der Eltern verbessern kann.

Die Ziele und Arbeitspunkte zur Verbesserung von Erziehungsfähigkeiten werden vor allem abgeleitet aus

> *Informationen/Beobachtungen aus erster und zweiter Hand (BI, LB)*
> *Veränderungswünsche der Eltern bezogen auf die Erziehungsaufgaben (Eltern)*
> *Anhaltspunkte aus der täglichen Routine (TR)*
> *Kompetenzanalyse bezogen auf die Entwicklungsaufgaben der Eltern (KP-Eltern, DKA)*
> *Analyse von problematischen Interaktionen mit einem Kind/mehreren Kindern (IA)*

Um den Lern- und Entwicklungsbedarf zu ermitteln, analysiert die Fachperson mit den Eltern, welche Erziehungsfähigkeiten die Eltern brauchen, um das gewünschte Verhalten der Kinder zu stimulieren und das unerwünschte Verhalten zu stoppen. Auch überlegt die Fachperson mit den Eltern, wie die Aufgabe präziser strukturiert werden kann, und wie schützende Faktoren genutzt werden können.

Exkurs: welcher Erziehungsstil?

Untersuchungen haben gezeigt, dass unter den vielen Möglichkeiten der Kindererziehung der autoritativ-partizipative Stil am besten dazu geeignet ist, Kinder bei ihrer Entwicklung zu verantwortungsbewussten und kompetenten Menschen mit gutem Selbstwertgefühl und Leistungsbereitschaft zu unterstützen (vgl. Hurrelmann, 2002, S. 161ff). Dieser Stil zeichnet sich dadurch aus, dass die Eltern/Bezugspersonen ihre Kinder mit Regeln und altersgemäßen Anforderungen konfrontieren, sie aber gleichzeitig in ihren Autonomiebestrebungen unterstützen. Die Eltern gehen auf die Bedürfnisse der Kinder ein, zeigen sich ihnen gegenüber liebevoll und warmherzig, setzen aber gleichzeitig auch Grenzen.

Der autoritativ-partizipative Stil beinhaltet folgende Fähigkeiten, über die Eltern im Umgang mit ihren Kindern verfügen sollten:

> *angemessene Forderungen stellen, Grenzen setzen und angepasste Kontrolle gewährleisten*
> *ermutigen zu selbständigem Verhalten und einer eigenen Meinung*
> *verhandeln und den Standpunkt der Kinder ernst nehmen (mit zunehmendem Alter immer ausgeprägter)*
> *interessiert sein an den Erfahrungen und Erlebnissen der Kinder*
> *vorleben eines Modells von Redlichkeit, d.h. sich selber an Abmachungen, Regeln und Pflichten halten und die Rechte anderer respektieren.*

Dieses Kapitel präsentiert Methoden und Techniken, um bei Eltern diese Fähigkeiten zu fördern. Zuerst erläutern wir aber die Basisfähigkeiten, über die Eltern zur Bewältigung ihrer Erziehungsaufgaben verfügen sollten.

15.1 Die Basisfähigkeiten

Eltern brauchen zur Erfüllung ihrer Erziehungsaufgaben die gleichen Fähigkeiten wie Fachpersonen auch:

> Fähigkeit zur präzisen Beobachtung
> Fähigkeiten zur kindgerechten Kommunikation.

Nur auf dieser Basis können Eltern anknüpfen an die Situation des Kindes und dieses gezielt unterstützen, begleiten und anregen.

15.1.1 Beobachten

Wenn die Fachperson bei Eltern Lernbedarf bei der Basisfähigkeit Beobachten festgestellt hat (in der Regel durch eigene Beobachtungen, v.a. der Eltern-Kind-Interaktionen), bereitet sie Schritte vor, diese Fähigkeit bei den Eltern zu verbessern. Die Eltern werden dazu befähigt, Interaktionssequenzen im Alltag zu beobachten und zu beschreiben mit Hilfe der SRC-Ketten. Die Aufgabe der Fachperson ist es, den Eltern die abstrakte Lerntheorie auf eine möglichst alltagsnahe und konkrete Art nahe zu bringen. Mit den Übungen zur Interaktionsanalyse wird der Blick der Eltern für Situationen, für das Verhalten der Kinder sowie für das eigene Verhalten geschärft (Fremd- und Selbstbeobachtung). Die Selbstbeobachtung ist der notwendige erste Schritt für das Selbstlernen und für die Verbesserung der Selbststeuerung.

Schritte zur Verbesserung der Beobachtungsfähigkeit (Formular IA: Interaktionsanalyse)

1. Wählen Sie mit den Eltern resp. mit einem Elternteil eine Situation, in der das Kind typisches Verhalten (adäquates oder problematisches) zeigt. Beginnen Sie am besten mit weniger komplexen Situationen.
2. Zeichnen Sie auf ein Blatt Papier drei Kolonnen zur Beschreibung der Situation (S), dass Verhaltens des Kindes (R) und der Folgen auf das Verhalten (C), und erläutern Sie das Blatt. Sie können auch hier wieder zur Visualisierung mit Streifen etc. arbeiten.
3. Bitten Sie die Eltern, das Verhalten des Kindes (R) in beobachtbaren Vorgängen zu beschreiben. Es kann sehr hilfreich sein, die Vorgänge «comicartig» zu zeichnen und den Eltern zu sagen, sie hätten eine Kamera in der Hand und sie sollen beschreiben, was die Kamera aufzeichnet.
4. Präzisieren Sie die Beschreibung durch gezieltes Fragen: wer war genau dabei? wer stand wo? wer sagte was? etc. Eventuell fügt die Fachperson eigene Beobachtungen an, sofern sie in der Situation anwesend war.
5. Bitten Sie die Eltern anschließend, zu beschreiben, in welcher Situation (S) das Verhalten stattfand: wo, wann war das genau? was ging voraus?
6. Fragen Sie dann nach den Folgen (C) auf das Verhalten des Kindes: was hat das Kind getan, was haben Sie getan, wer war noch da und hat was getan. Fragen Sie allenfalls auch, was die Eltern denken, was das Kind in dieser Situation gelernt hat, und ob es das Gelernte in einer vergleichbaren Situation brauchen kann.
7. Geben Sie den Eltern eine Beobachtungsübung, in der sie jeden Tag eine Verhaltenssequenz (S-R-C) auf dem Blatt festhalten: Situation-Verhalten-Folgen.

Die Fähigkeit, genau zu beobachten, was in Situationen passiert und wer wie involviert ist, verlangt Übung und Begleitung durch die KOFA-Fachperson. Von den Eltern gemachte Interaktionsbeobachtungen werden deshalb immer wieder gemeinsam angeschaut, wobei folgende Fragen helfen können, ungute Interaktionssituationen zu verbessern und Lernmöglichkeiten für Eltern und Kinder zu finden:

> *Wie soll das Verhalten des Kindes in dieser Situation aussehen? Verfügt das Kind über die Fähigkeiten, sich so zu verhalten? Was fehlt, und was muss das Kind entsprechend lernen?*

> *Was kann an der Situation verändert werden, damit das schwierige Verhalten des Kindes weniger auftritt?*

> *Was kann an den Folgen verändert werden, damit das schwierige Verhalten des Kindes nicht verstärkt (belohnt) wird?*

> Übung in einer Kleingruppe (nach den Spielregeln von S. 72)
>
> Es geht um Frau Totü und Hakan.
>
> Frau Totü erzählt, dass Hakan vor dem Fernseher Aufgaben macht. Sie sieht das und geht in die Küche.
>
> *Aufgabe*
> 1. Bereiten Sie eine Interaktionsanalyse mit Frau Totü vor.
> 2. Verteilen Sie die Rollen und üben Sie einen Durchgang. Wechseln Sie allenfalls Rollen aus, machen Sie wenn nötig Stopps, damit die Übung lebendig bleibt und der Lerneffekt erhöht wird.
>
> *Feedback*

15.1.2 Kommunikationsfähigkeiten

Eltern brauchen im Austausch mit ihren Kindern gewisse basale Kommunikationsfähigkeiten, die hier dargestellt werden. Eltern müssen für gelingende Kommunikation mit ihren Kindern ihrem Alter entsprechend in Kontakt treten, den Kontakt aufrechterhalten und adäquat beenden.

Schritte für gelingende Kommunikation

1. Den Kontakt eröffnen, d.h. durch verbale und nonverbale Zeichen wie Mimik, Gestik, Blickkontakt, Berührung und Ansprechen wird die Aufmerksamkeit des Kindes geweckt.

   > *Gehen Sie zum Kind, achten Sie auf eine zugewandte Körperhaltung und auf eine gute Augenhöhe.*

   > *Schauen Sie das Kind freundlich an, ziehen Sie durch eine einladende nonverbale Geste die Aufmerksamkeit auf sich.*

   > *Nennen Sie den Namen des Kindes, achten Sie auf eine freundliche Stimme (Lautstärke, Stimmhöhe).*

2. Aufrechterhalten des Kontakts durch wechselseitigen Austausch.

   > *Folgen Sie den Initiativen des Kindes und benennen Sie, was Sie sehen und denken. Verbalisieren Sie, was das Kind denkt oder fühlt.*

   > *Reagieren Sie auf Äußerungen des Kindes, stimmen Sie zu, wiederholen Sie, bestätigen oder widersprechen Sie.*

   > *Teilen Sie Ihre Aufmerksamkeit, wenn mehrere Kinder anwesend sind.*

> *Sprechen Sie (altersgemäß) über das Thema und über sich, so dass das Kind weiß, was Sie wollen, was Sie denken oder fühlen.*

3. Beenden eines Kontaktes, Kontakt abschließen

    > *Machen Sie deutlich (durch Sprache, Mimik, Gestik etc.), dass sie nun gehen oder sich etwas anderem oder einer anderen Person zuwenden.*

    > *Sagen Sie – wenn nötig – warum Sie jetzt abschließen und machen Sie allenfalls eine Bemerkung, wie es für Sie war, wie es weitergehen könnte etc.*

Diese Art der Basiskommunikation mit einem Kind beginnt bei der Geburt in Form von vorsprachlicher Kommunikation (Mimik, Gestik, Berührung), aber immer auch als verbale Kommunikation (Ammensprache), in der die Tätigkeiten der Bezugspersonen und die Äußerungen des Kindes benannt werden («Schau, jetzt kommt Mama und gibt dir was zu essen. Und du lächelst und findest es wunderbar ...»). Das Formular **EKI 0-3** enthält diese Fähigkeiten zur Basiskommunikation als Beobachtungsdimensionen für die Fachperson. Störungen in der Basiskommunikation sind – gerade für Kleinkinder – ein bedeutsamer Risikofaktor für ihre Entwicklung. Mit fortschreitendem Alter verändern sich Form und Inhalt der Kommunikation – die Grundanforderungen bleiben aber die gleichen.

Übung in einer Kleingruppe (nach den Spielregeln von S. 72)

Es geht um Frau Totü und Hakan.

Frau Totü erzählt, dass Hakan vor dem Fernseher Aufgaben macht. Sie sieht das und geht in die Küche.

Aufgabe
1. Bereiten Sie eine Übung vor, in der Sie mit Frau Totü an deren Basiskommunikation arbeiten wollen. Frau Totü soll lernen, Kontakt herzustellen, den Kontakt aufrechtzuerhalten und den Kontakt abzuschließen.
2. Verteilen Sie die Rollen und üben Sie einen Durchgang. Wechseln Sie allenfalls Rollen aus, machen Sie wenn nötig Stopps, damit die Übung lebendig bleibt und der Lerneffekt erhöht wird.

Feedback

Besondere Formen des kommunikativen Kontakts sind Loben oder Strafen (Varianten von Feedback geben oder das Zuhören).

> **Schritte für die Eltern, um besser zuzuhören**
>
> 1. Nehmen Sie Kontakt auf mit dem Kind. Zuhören kann gut kombiniert werden mit einfachen Tätigkeiten wie Abwaschen etc.
>
> 2. Ermutigen Sie das Kind durch verbale oder nonverbale Zeichen, zu erzählen. Benennen Sie auch regelmäßig, was das Kind sagt resp. was es meint oder ausdrücken will.
>
> 3. Lassen Sie das Kind zu Ende reden – fahren Sie ihm nicht über den Mund. Das Kind soll seine Geschichte zu Ende erzählen können.
>
> 4. Bei Unklarheiten: stellen Sie konkrete Fragen. Zuhören heißt nicht, dass Sie einverstanden sind mit dem, was das Kind sagt. Warten Sie bis zum Schluss – dann können Sie reagieren.

Durch Zuhören zeigen die Eltern Interesse für das, was das Kind tut, denkt oder erlebt. Das Kind fühlt sich dadurch beachtet und ernst genommen. Durch gutes Zuhören können Eltern ihre Beziehung zum Kind verbessern und Voraussetzungen für Lernprozesse schaffen.

Anknüpfen

Mit Anknüpfen ist gemeint, dass Eltern die Bedürfnisse, die Lern- und Entwicklungsthemen ihrer Kinder erfassen und anknüpfend daran ihr Verhalten und ihre Interventionen steuern. Für das Anknüpfen (ein Begriff, den wir aus dem Niederländischen übernommen haben) in diesem Sinn brauchen Eltern Informationen über die kindliche Entwicklung im Allgemeinen - neben eigenen Beobachtungen und Gesprächen mit dem Kind. Informationen können auf verschiedene Arten an die Eltern weitergeleitet werden. Eine gute Möglichkeit ist die 3-D-Technik: «Nach dem heutigen Erkenntnisstand, kann ein Kind in diesem Alter ... Wie beurteilen Sie das bei Ihrem Kind?» Auch können einfache Texte oder Broschüren zur kindlichen Entwicklung den Eltern helfen, die Verhaltensweisen ihrer Kinder einzuordnen und besser zu verstehen. Einladungen zum Perspektivenwechsel («Was meinen Sie, was könnte Ihr Kind jetzt brauchen, oder was könnte ihm helfen?» «Wie fühlt sich Ihr Kind jetzt?») können das Anknüpfen an die Themen des Kindes sehr erleichtern. Auch Fragen wie: «Könnte es auch sein, dass ...» oder «Wie war das, als sie selber zwölf Jahre alt waren – haben Sie das auch so gemacht?» laden die Eltern ein, andere Gesichtspunkte zuzulassen und so die Bedürfnisse des Kindes besser zu erkennen.

15.2 Verhalten des Kindes als Fokus

Bei der Auflistung der Probleme und Veränderungswünsche nennen Eltern oft unerwünschtes und schwieriges Verhalten ihrer Kinder, beispielsweise: «Hakan hört nicht auf mich», «Marc ist sehr frech», «Peter bleibt nie am Tisch sitzen und will immer mit seinem Gameboy spielen».

Häufig geht es dabei um Autoritätsprobleme in der Beziehung zwischen Eltern und Kindern: die Kinder halten sich ungenügend an die Regeln, resp. die Eltern sind nicht fähig, Regeln durchzusetzen. Aufgrund der Probleme, die die Eltern angeben, formuliert die Fachperson gemeinsam mit ihnen einen Arbeitspunkt für den Umgang mit dem unerwünschten Verhalten und zur Förderung von erwünschtem Verhalten des Kindes resp. der Kinder.

Analyse des unerwünschten Verhaltens des Kindes

Die Fachperson führt die Analyse gemeinsam mit den Eltern durch und wirkt so als Modell für diese Aufgabe. Die Analyse basiert auf dem SRC-Schema und besteht aus einer Anzahl von Schritten gemäß dem Formular Interaktionsanalyse (**IA**). Die Ergebnisse der Analyse werden in geeigneter Form visualisiert (z. B. Zeitlinie mit kleinen Zeichnungen und Kurzbeschreibungen, auf Papierstreifen etc.).

Schritte für die Analyse von unerwünschtem Verhalten

1. Gemeinsam mit den Eltern ein konkretes Verhalten auswählen, an dem als erstes gearbeitet werden soll

> *Beispiel*
>
> *Die Eltern erzählen, dass Frank, vier Jahre alt, sehr anstrengend ist. Er hat häufige Wutanfälle. Dabei kann es um verschiedene Dinge gehen: wenn etwas nicht so läuft, wie er es will, beim Zubettgehen, während des Essens, wenn er am Tisch sitzen bleiben soll und so weiter. Die Eltern beschließen gemeinsam mit der Fachperson, dass sie mit dem unerwünschten Verhalten beim Zubettgehen beginnen wollen. Frank putzt seine Zähne nicht und bleibt nicht im Bett. Er steht immer wieder auf, will noch etwas trinken, sagt, er könne nicht schlafen, quengelt, weint etc.*

2. Beschreibung der Situation, die dem Verhalten vorausgeht

In welcher Situation genau zeigt sich das Verhalten? Wo spielt es sich ab? Wer ist dabei? Was sagt oder tut der Elternteil? Was tut das Kind gerade, und welche Rolle spielen die anderen Anwesenden? Wie ist die Situation strukturiert – beispielsweise: wie wird das Kind auf die Situation Zubettgehen vorbereitet? Wo und zu welchem Zeitpunkt wird gegessen? Ist die Situation nicht kindgerecht, über- oder unterfordernd? Die Fachperson kann vorschlagen, einmal in der Situation, in der sich das Problemverhalten normalerweise zeigt, anwesend zu sein. Das bietet ihr viele Beobachtungsmöglichkeiten.

> *Beispiel*
>
> *Die Zubettgeh-Situation mit Frank spielt sich folgendermaßen ab: Die Mutter weist ihn an, die Zähne putzen zu gehen. Wenn er das getan hat, darf er im Bett noch eine Viertelstunde eine Märchenkassette hören. Die Mutter räumt in dieser Zeit die Küche auf, und der Vater schaut die Nachrichten im Fernsehen.*

3. *Beschreibung der Folgen des Verhaltens*
Die Fachperson fragt die Eltern, welche Folgen das Verhalten hat. Sie versucht, ein Bild der Faktoren zu bekommen, die das Problemverhalten aufrechterhalten oder sogar verstärken, Beispielsweise: nachgeben, wenn das Kind anfängt zu toben, Aufmerksamkeit schenken, wenn ein Kind quengelt, einem Kind etwas Süßes geben, wenn es nicht essen will, was auf den Tisch kommt. Oft sind sich die Eltern ihres eigenen Anteils beim Aufrechterhalten des unerwünschten Verhaltens nicht bewusst. Den Konsequenzen ihres eigenen Verhaltens nachzugehen, kann konfrontierend sein. Die Fachperson zeigt deshalb Verständnis für die Art, wie die Eltern bisher auf das Verhalten reagiert haben.

> *Beispiel*
> *Die Mutter versucht jeweils, Frank wieder ins Bett zu bringen, redet ihm gut zu und verspricht ihm etwas für den nächsten Tag. Manchmal legt sie sich zu ihm, bis er eingeschlafen ist. Der Vater lässt Frank häufig noch eine Weile fernsehen, damit ihn dieser mit seinem Quengeln nicht stört.*

4. *Analyse der Erziehungskompetenz der Eltern*
Das Verhalten des Kindes wird dargestellt, am besten in Bildern/Stichwörtern visualisiert in einer bestimmten Farbe. Bei der Analyse des kindlichen Verhaltens werden die Handlungen der Eltern in der beschriebenen Situation beschrieben. Die Analyse hilft, die Ansatzpunkte für eine Verhaltensänderung der Eltern zu bestimmen. In der oben beschriebenen Situationsanalyse ist es hilfreich, dazu das Verhalten der Eltern parallel zum Verhalten des Kindes in einer anderen Farbe zu visualisieren.

5. *Bestimmen des ersten Schritts zur Verhaltensänderung*
Nach der Analyse des unerwünschten Verhaltens geht die Fachperson gemeinsam mit den Eltern dem Verhalten nach, das sie von ihren Kindern anstelle des Problemverhaltens erwarten. Das ist wichtig, weil die Versuche, Problemverhalten zu vermindern, am effektivsten sind, wenn an seine Stelle ein erwünschtes Verhalten tritt, das von den Eltern selber genannt wird. Das erwünschte Verhalten muss positiv und konkret formuliert werden und sowohl für die Eltern wie für das Kind realisierbar sein. Wenn das erwünschte Verhalten zu allgemein formuliert ist, sucht die Fachperson mit den Eltern nach einem ersten Schritt in Richtung des erwünschten Verhaltens. Danach klärt die Fachperson mit den Eltern, ob das Kind die für das erwünschte Verhalten nötigen Fähigkeiten besitzt. Ist das nicht der Fall, überlegen sie, wie das Kind die Fähigkeiten erlernen kann.

> *Beispiel*
> *Die Eltern möchten, dass Frank sofort schläft, wenn er ins Bett gebracht wird. Nach kurzer Diskussion mit der Fachperson formulieren sie eine realistischere Variante: Frank bleibt im Bett, wenn er um 19.00 Uhr ins Bett gebracht wird. Wenn er noch nicht gleich schlafen will oder kann, darf er im Bett spielen, aber sein Zimmer nicht verlassen.*

Aufgrund der Analyse bestimmt die Fachperson danach, welche Erziehungsfähigkeiten die Eltern benötigen, um das erwünschte Verhalten des Kindes zu stimulieren und (eventuell) das unerwünschte Verhalten zu stoppen. Die Fachperson überlegt mit den Eltern auch, wie die Aufgabe genauer strukturiert werden kann, wie schützende Faktoren benutzt werden können und so weiter. Mit anderen Worten: die Fachperson bezieht die Ergebnisse der Analyse zur Bestimmung der besten Methode mit ein, um das gesetzte Ziel zu erreichen.

> *Beispiel*
> *Die Mutter verändert das Bettritual: Sie hilft Frank beim Zähneputzen. Anstelle des Kassettenhörens liest sie Frank im Bett eine Geschichte vor und kuschelt ein bisschen mit ihm. Danach gibt sie ihm eine deutliche Anweisung für das erwünschte Verhalten und verlässt das Zimmer mit klaren Zeichen.*

Nach der systematischen Analyse und Bearbeitung des Problemverhaltens werden mit den Eltern weitere Situationen im Alltag gesucht. Die Eltern sind eingeladen, im Sinne einer Hausaufgabe, selber eine Interaktionsanalyse zu erstellen und Vorschläge zu machen, wie sie sich in vergleichbaren Situationen anders verhalten können (Generalisierung, Übung). In diesen Situationen geht es darum, dass Eltern lernen, vorhandene Fähigkeiten situationsadäquat einzusetzen.

15.3 Fähigkeiten der Eltern als Fokus

Aus der Informationsphase liegt eine Einschätzung der Fähigkeiten in Bezug auf die verschiedenen Entwicklungsaufgaben für Eltern vor. Die Fachperson hat die Kompetenz bezogen auf Erziehungsaufgaben als nicht ausreichend beurteilt (**KP-Eltern**) und eine detaillierte Kompetenzanalyse (**DKA**) erstellt. Auf dieser Grundlage wurde ein Arbeitspunkt formuliert, um die fehlenden elterlichen Fähigkeiten zu erweitern. Im Arbeitsplan ist eingetragen, welche Fähigkeiten und schützenden Faktoren für diese Aufgaben vorhanden sind, welche fehlen und welche Stressoren eine Rolle spielen. Diese Analyse ist die Basis für die Erweiterung der Erziehungsfähigkeiten der Eltern.

Erziehungsfähigkeiten

Elterliche Erziehungsfähigkeiten lassen sich in drei Kategorien unterteilen:
    a) Fähigkeiten, um erwünschtes Verhalten zu verstärken (loben und belohnen)
    b) Fähigkeiten, um unerwünschtes Verhalten abzuschwächen
    c) Fähigkeiten, um neues Verhalten zu stimulieren

In der SRC-Kette können diese Erziehungsfähigkeiten wie folgt zugeordnet werden:

Abbildung 9: Erziehungsfähigkeiten von Eltern

Dem Verhalten des Kindes folgend (C)	Dem Verhalten des Kindes vorausgehend (S)

a) erwünschtes Verhalten verstärken
   - loben
   - belohnen
 	
b) unerwünschtes Verhalten abschwächen
   - nicht reagieren
   - Verhalten stoppen und instruieren
   - verkürzt instruieren
   - sanktionieren:
     separieren und sinnvoll strafen
	c) neues Verhalten stimulieren
	   - instruieren
	   - instruieren und vormachen
	     (Modell stehen)
	   - instruieren und nachahmen lassen
	     (üben)

a) Erziehungsfähigkeiten, um erwünschtes Verhalten zu verstärken

Zwei wichtige Fähigkeiten, welche Eltern benutzen können, um erwünschtes Verhalten bei Kindern im Alter bis ungefähr 13 Jahre zu verstärken, sind die Fähigkeiten «Loben» und «Belohnen». Loben ist das verbale Reagieren auf erwünschtes Verhalten. Wenn Eltern das erwünschte Verhalten (möglichst kontingent, d.h. nahe beim Verhalten) loben, wird das Kind dieses Verhalten öfter zeigen. Mit anderen Worten: Das erwünschte Verhalten wird verstärkt. Wenn Kinder oft gelobt werden, bekommen sie ein positives Selbstbild, probieren Verhalten aus und lernen. Außerdem trägt regelmäßiges Loben wesentlich zu einem guten Kontakt zwischen Eltern und Kind und zu einem entspannten Familienklima bei.

Die Fähigkeit **«Loben»** besteht aus den folgenden Schritten:

1. Die Aufmerksamkeit des Kindes wecken, Kontakt herstellen.
2. Dem Kind genau sagen, was es gut gemacht hat.
3. Dem Kind ein Kompliment machen.

> *Beispiel*
>
> *Wenn Frank ohne Quengeln und Schreien ins Bett geht und nach dem Vorlesen ruhig im Bett bleibt, wird er dafür von der Mutter gelobt. Sie sagt ihm, dass sie es toll findet, dass er so schnell und ruhig ins Bett gegangen ist und sich nach dem Vorlesen in der Decke eingekuschelt hat.*

Belohnen

Auch «Belohnen» hat die Funktion, die Häufigkeit des vorhergehenden Verhaltens zu erhöhen. Belohnungen können sowohl materiell (ein kleines Geschenk, etwas Leckeres) als auch immateriell sein (eine besondere Aktivität mit der Mutter, später ins Bett gehen dürfen, einmal nicht abwaschen müssen).

Bei der Fähigkeit «**Belohnen**» werden die Schritte für das Loben ergänzt mit dem Geben des Geschenks.

> *Merkpunkt*
>
> *Es ist wichtig, einem Kind keine Belohnung zu geben, wenn es mit störendem Verhalten aufhört. Sonst lernt das Kind, sich weiterhin «schwierig» zu verhalten, weil dieses Verhalten eine Belohnung verspricht.*

Belohnungen sollen zeitlich befristet eingesetzt werden. Dazu sind zwei Punkte zu beachten:

> *Belohnungen sollen mit Loben verbunden werden. So erlernt das Kind die Bedeutung von Loben (was im Grunde eine soziale Belohnung ist) und kann später auch ohne Lob resp. ohne Belohnung erwünschtes Verhalten zeigen.*

> *Belohnungen werden mit einer Weiterentwicklung der Fähigkeit verknüpft: z. B. zuerst für einmaliges rechtzeitiges Ins-Bett-Gehen, dann für zweimaliges etc. Ziel: das erwünschte Verhalten wird selbstverständlich und wird in einem nächsten Schritt nur noch durch Lob und schließlich kaum noch verstärkt.*

> *Beispiel*
>
> *Wenn Frank ruhig im Bett bleibt, bekommt er am nächsten Morgen einen Kakao zum Frühstück. Wenn es ihm in der kommenden Woche wenigstens fünf von sieben Mal gelungen ist, im Bett zu bleiben, darf er mit seiner Mutter ins Schwimmbad. Nach dieser Woche gilt es, an sechs Tagen ruhig im Bett zu bleiben, ab dann fallen die Belohnungen weg – Frank hat das Verhalten in sein Repertoire aufgenommen – es muss nicht mehr verstärkt werden.*

b) Erziehungsfähigkeiten, um unerwünschtes Verhalten zu vermindern oder zu stoppen

Wenn Eltern unerwünschtes Verhalten ihrer Kinder vermindern oder stoppen, vermitteln sie ihren Kindern dabei noch kein neues Verhalten, sondern vermitteln ihnen nur, was sie nicht tun dürfen. Das kann manchmal sinnvoll und nötig sein, lern- und entwicklungsfördernder ist es hingegen, Kindern neue Fähigkeiten zu vermitteln und sie für erwünschtes Verhalten zu loben.

Um unerwünschtes Verhalten zu vermindern oder zu stoppen, werden die Fähigkeiten «Nicht reagieren», «Verhalten stoppen und instruieren», «verkürzt instruieren» und «sanktionieren» benutzt.

Nicht reagieren

Auf das störende Verhalten eines Kindes wie quengeln, weinen und jammern nicht zu reagieren, hat häufig zur Folge, dass das Verhalten abnimmt. Es kann vorkommen, dass das störende Verhalten vorerst zunimmt, bevor es abnimmt; das Kind probiert dann aus, ob das «Nicht reagieren» durchgehalten wird. Es ist wichtig, diese Technik nur bei störendem Verhalten anzuwenden, und nicht bei Verhalten, das nicht toleriert werden kann, z. B. beim Bedrohen oder Schlagen von Personen oder beim Zerstören von Sachen. Das «Nicht reagieren» sollte durchgehalten werden; wenn man schließlich doch nachgibt, lernt das Kind, dass es das störende Verhalten durchhalten muss, weil die Eltern am Schluss doch nachgeben.

Die Fähigkeit «**Nicht reagieren**» besteht aus folgenden Schritten:

1. Nicht reagieren, wenn das Kind etwas Störendes tut; das Kind nicht anschauen, es nicht berühren, nichts zu ihm sagen. Es geht darum, überhaupt keine Aufmerksamkeit zu schenken, also auch keine Reaktionen wie Augenbrauen hochziehen, sich räuspern oder tief seufzen.
2. Mit den eigenen Tätigkeiten fortfahren oder etwas anderes tun. Indem man andere Dinge tut, wird es leichter, das «Nicht reagieren» durchzuhalten.

Der Gebrauch von «Nicht reagieren» wird effektiver, wenn die Fähigkeit mit dem Lob für eine erwünschte Verhaltensweise kombiniert wird. Einerseits reagieren die Eltern damit nicht auf das störende Verhalten, andererseits sind sie durchaus aufmerksam für erwünschtes Verhalten und geben dafür ein Lob.

Beispiel

Wenn Frank beim Zähneputzen trödelt und beginnt, mit der Zahnpasta herumzuschmieren, kann die Mutter hinausgehen und ihm sagen, dass sie schon mal in seinem Zimmer das Bett vorbereitet und das Buch zum Vorlesen holt. Sie kann beim Hinausgehen noch anfügen, dass sie es lieb findet, dass er sein Bärchen schon ins Bett gelegt hat.

Verhalten stoppen und instruieren

Hier handelt es sich um eine Reaktion bei Verhaltensweisen wie Wutanfällen, Schlagen, Stampfen, sich auf den Boden Werfen etc. – Verhaltenweisen, die nicht toleriert werden können. Die Stoppinstruktion erfolgt möglichst direkt, ruhig und bestimmt und wird immer mit einer Instruktion für erwünschtes Verhalten verbunden – so hat das Kind eine Alternative für das nicht tolerierte Verhalten.

Die Fähigkeit **«Verhalten stoppen und instruieren»** besteht aus folgenden Schritten:

1. Kontakt mit dem Kind aufnehmen.
2. Benennen, was das Kind sagt, tut, resp. was es fühlt oder meint.
3. Dem Kind genau sagen, was es nicht richtig macht.
4. Dem Kind sagen, dass Sie wollen, dass es jetzt damit aufhört.
5. Dem Kind klar sagen, was es jetzt tun soll. Nicht mit Sanktionen drohen.
6. Sagen, warum das jetzt erwünscht ist.

Die Eltern sollen dem Kind genügend Zeit geben, um der Instruktion Folge zu leisten. Wenn das Kind die Instruktion befolgt, loben die Eltern es sofort. Wenn das Kind die Instruktion nicht befolgt, wählen die Eltern die «verkürzte Instruktion» oder «separieren» (siehe unten).

Verkürztes Instruieren

Das «Verkürzte Instruieren» folgt auf eine nicht befolgte Instruktion. Die Instruktion bezieht sich auf einen Schritt zum erwünschten Verhalten, den das Kind leicht realisieren kann. Es ist eine Hilfestellung, aus dem unerwünschten Verhalten herauszufinden. Es ist wichtig, nicht in eine Diskussion einzutreten, sondern die Instruktion nochmals kurz zu wiederholen, allenfalls mit anderen Worten. Verhalten, das in die richtige Richtung geht, wird sofort gelobt.

Die Fähigkeit **«Verkürztes instruieren»** besteht aus folgenden Schritten:

1. Kontakt zum Kind behalten und benennen, was es sagt und tut, resp. was es fühlt oder denkt.
2. Genau sagen, was das Kind tun soll.
3. Erwünschtes Verhalten, das das Kind zeigt, loben.

Beispiel

Wenn Frank nach dem Gutenachtkuss und dem Lichterlöschen trotzdem wieder aufsteht und ins Wohnzimmer kommt, wird er sofort mit einer deutlichen Anweisung erneut ins Bett gebracht. Der Vater sagt ihm, dass er möchte, dass Frank ins Zimmer geht und sich schlafen legt. Er erinnert ihn an die Abmachung, die sie mit ihm getroffen haben, und begleitet ihn ins Schlafzimmer. Er wartet, bis sich Frank ins Bett gelegt hat, lobt ihn dafür und schließt die Türe.

Separieren

Die Fähigkeit «Separieren» – auch «time out» oder «stiller Stuhl» – bedeutet: das Kind wird für eine bestimmte, nicht zu lange Zeit – z. B. zwei bis fünf Minuten – aus der Situation herausgenommen wird, in der es unerwünschtes Verhalten zeigt. Das Kind verbringt dann einige Minuten in einem separaten und wenig attraktiven Zimmer oder an einem gemeinsam vereinbarten Ort (Treppe, Stuhl). Das Kind sollte den genauen Ablauf kennen. Separieren allein ist nicht sinnvoll, es muss begleitet sein von einer Instruktion zu erwünschtem Verhalten, das grundsätzlich machbar ist für das Kind.

Die Fähigkeit **«Separieren»** hat zwei Teile mit den folgenden Schritten:

Teil 1: Aus der Situation entfernen
1. Kontakt mit dem Kind aufnehmen.
2. Dem Kind genau sagen, was es nicht gut getan hat.
3. Sagen, wo es jetzt hingehen soll, für wie lange und was es dort tun soll.

Teil 2: Zurückholen
4. Kontakt mit dem Kind aufnehmen.
5. Das Kind dafür loben, dass es ruhig am vereinbarten Ort geblieben ist.
6. Dem Kind sagen, was es nun tun kann.

Merkpunkte

> *Gehen Sie sofort zum Kind, wenn die Zeit vorbei ist (Küchenwecker stellen).*

> *Wenn das Kind schreit oder an die Türe schlägt, sagen Sie, dass die Zeit erst beginnt, wenn es ruhig ist.*

> *Wenn das Kind vorzeitig aus dem Zimmer kommt, bringen Sie es zurück und sagen Sie, dass die Zeit beginnt, wenn es ruhig ist.*

> *Sprechen Sie nachher nicht mehr über das unerwünschte Verhalten – es ist vorbei. Gehen Sie zur normalen Routine über.*

Beispiel

Frank spielt zuerst unsanft mit der Katze, fängt dann an, das Tier richtig zu schlagen, zieht es am Schwanz etc. Der Versuch, dieses Verhalten zu stoppen scheitert, worauf die Mutter Frank anweist, sich für zwei Minuten auf die Treppe zu setzen. Als sie Frank nach der vereinbarten Zeit holt, sagt sie ihm, dass er das gut gemacht hat. Er könne jetzt im Wohnzimmer oder in seinem Zimmer spielen gehen oder ihr beim Waschen des Salats helfen.

Sinnvoll strafen

Bei «Sinnvoll strafen» nehmen die Eltern bei unerwünschtem Verhalten z. B. geliebtes Spielzeug weg oder unterbrechen angenehme Tätigkeiten mit dem Ziel, das unerwünschte Verhalten zu vermindern. Die Bestrafung soll zudem in einem sinnvollen Verhältnis zum Problemverhalten stehen.

Die Fähigkeit **«Sinnvoll strafen»** besteht aus folgenden Schritten:

1. Kontakt mit dem Kind aufnehmen.
2. Dem Kind genau sagen, was es nicht richtig macht.
3. Dem Kind sagen, welches Spielzeug jetzt weggenommen wird oder welche angenehme Tätigkeit jetzt gestoppt wird.

Merkpunkte

> *Nehmen Sie nur Dinge weg oder stoppen Sie nur Tätigkeiten, die dem Kind wichtig sind.*

> *Drohen Sie nicht mit der Strafe, lassen Sie sich auch auf keine Diskussion ein, sondern halten Sie an der Ausführung der Strafe fest.*

> *Geben Sie eine Instruktion für erwünschtes Verhalten und loben Sie das Kind, wenn es dieses Verhalten zeigt.*

Beispiel

Wenn Frank zu lange im Badezimmer herumtrödelt und trotz Aufforderung nicht in sein Zimmer geht, sondern sich im Wohnzimmer vor den Fernseher setzt, kann ihm die Mutter sagen, dass es jetzt zu spät für eine Gutenacht-Geschichte sei, und dass er heute ohne Vorlesen ins Bett gehen müsse.

---

c) neues Verhalten stimulieren

Zu dieser Möglichkeit, auf Problemverhalten von Kindern zu reagieren, sind wir im Kapitel 12, (Fähigkeiten erweitern) ausführlich eingegangen.

15.4 Verhalten von Jugendlichen ändern

Grundsätzlich setzen Eltern gegenüber Jugendlichen die gleichen erzieherischen Fähigkeiten ein wie gegenüber Kindern, aber abgestimmt auf das Entwicklungsniveau und die Entwicklungsaufgaben von Jugendlichen. Zentral ist, dass Jugendliche mehr eigene Vorstellungen und Wünsche an die Eltern herantragen, und dass die Auseinandersetzung darüber für eine gelingende Entwicklung notwendig ist. Eltern mit Jugendlichen brauchen deshalb einige neue Fähigkeiten: zuhören, aushandeln, Absprachen und Regelungen vereinbaren, motivieren etc. Viele Eltern tun sich schwer damit – sie schaffen den Übergang von der Entwicklungsphase von Kindern in die der Jugendlichen nicht ganz ohne Probleme. Neben den oben aufgeführten Fähigkeiten, die altersadäquat umgesetzt werden müssen, folgt hier eine Technik, die Eltern helfen kann, mit den neuen Anforderungen im Jugendalter umzugehen.

Der Verhaltensvertrag
Der Verhaltensvertrag ist ein Hilfsmittel zur Vereinbarung von Regeln und Abmachungen. In Konfliktsituationen kann die Bleistift- und Papiertechnik helfen, die Anliegen der Eltern und Jugendlichen in einem strukturierten Ablauf auszuhandeln. Es kann sinnvoll sein, Belohnungen zu vereinbaren für die Einhaltung des Vertrags.

Schritte für die Erarbeitung eines Verhaltensvertrags

1. Das Zielverhalten des Jugendlichen benennen.
Was soll der Jugendliche konkret tun? Die Punkte sind positiv und leicht verständlich formuliert.

> *Beispiel*
> *Hakan macht jeden Tag in seinem Zimmer die Hausaufgaben. Am Freitag/Samstag kommt Hakan spätestens um 23 Uhr nach Hause. Hakan raucht nur auf dem Balkon. Hakan kocht einmal in der Woche und kauft dazu selber ein.*

2. Das Verhalten der Eltern beschreiben.
Was sollen die Eltern konkret tun?

> *Beispiel*
> *Mutter erinnert Hakan ein einziges Mal an seine Hausaufgaben. Mutter raucht auch nur auf dem Balkon. Mutter macht an jedem Schultag das Frühstück für sich und Hakan.*

3. Kontrolle der Abmachungen festlegen.
In welcher Form und wann werden die Abmachungen überprüft?

> *Beispiel*
> *Hakan führt in seinem Heft ein Tagesprotokoll, in dem er die Erfüllung der Vertragspunkte festhält.*
> *Die Mutter sieht sich das Heft jeweils am Sonntag an.*

4. Positive Folgen formulieren.
Was passiert bei Einhaltung der Abmachungen?

> *Beispiel*
> *Wenn Hakan sich zu ca. 80% an die Abmachungen hält, kann er für den Sonntag ein Video mieten und seine Freunde zum Videoschauen einladen.*

5. *Negative Folgen formulieren.*
   Was passiert bei Nicht-Einhaltung der Abmachungen?

> *Beispiel*
> *Wenn Hakan sich nicht wie vereinbart an die Abmachungen hält, muss er – je nach Punkt, den er nicht erfüllt hat – z. B. am Sonntag die Hausaufgaben nachholen, den Balkon putzen, oder er kann am nächsten Freitag nicht in den Ausgang gehen.*

6. *Unterschrift der Eltern und des Jugendlichen.*

Für viele Eltern ist es ungewohnt, mit ihren Kindern einen solchen Vertrag abzuschließen. Mit Hilfe der KOFA-Fachkraft gelingt es in der Regel aber gut, einen ersten Vertrag auszuhandeln. Und wenn die Eltern und die Jugendlichen gute Erfahrungen machen, verwenden sie das Hilfsmittel von sich aus. Die Jugendlichen wünschen sich häufig, klare Abmachungen mit den Eltern zu treffen.

15.5 Bedenken von Eltern

Manchmal haben Eltern Zweifel oder Bedenken beim Anwenden von Erziehungstechniken und lassen das die Fachperson auch spüren. Grundsätzlich gilt: die Fachperson respektiert die Haltung und die Gefühle der Eltern, lässt sich auf keine Diskussion über richtig oder falsch ein, sondern geht mit den Eltern die Vor- und Nachteile durch und gibt ergänzende Informationen. Auf diese Weise besteht die größte Chance, dass Eltern versuchen wollen, anders mit ihren Kindern umzugehen. Nachstehend werden einige Tipps für die KOFA-Fachpersonen gegeben als Reaktion auf Zweifel und Bedenken von Eltern.

Der Erziehungsstil der Eltern ist überwiegend strafend und wenig auf Austausch angelegt (autoritärer Stil), und die Eltern sind überzeugt, dass dies die richtige Art ist, mit ihren Kindern umzugehen.

> *Erklären Sie den Eltern, dass das Bestrafen von Kindern effektiver wird, wenn es mit positiven Konsequenzen wie Loben und Belohnen kombiniert wird. Reden Sie den Eltern das Bestrafen nicht aus.*

> *Besprechen Sie zusammen mit den Eltern, welche Folgen ein anderer Erziehungsstil für sie selbst haben könnte.*

> *Erklären Sie die Nachteile von Strafen, sowohl für die Kinder wie für die Eltern selbst: Angst, Wut, Rückzug und Unehrlichkeit bei den Kindern und Jugendlichen; Schwierigkeiten, die Strafen konsequent durchzusetzen und Gefahr, sich damit unglaubwürdig zu machen bei den Eltern; schlechte Stimmung in der Familie etc.*

Eltern sehen Belohnungen als Bestechung oder Verwöhnung. Oder Eltern finden, dass Kinder sich anständig benehmen müssen, weil es sich so gehört (normative Orientierung).

> *Lassen Sie erkennen, dass das zum Teil stimmt, dass aber Kinder etwas Zusätzliches brauchen, um sich «richtig» zu verhalten.*

> *Demonstrieren Sie die Fähigkeit Belohnen und Strafen.*

> *Vermitteln Sie den Eltern, wie sie im Alltag persönliche, nicht materielle Verstärker einsetzen können, und befähigen Sie die Eltern, ihre Kinder zu loben.*

Eltern finden, es fühle sich das «unecht» an, wenn sie ihr Kind dauernd loben.

> *Am Anfang ist es tatsächlich gewöhnungsbedürftig – das ist normal.*

> *Mit der Zeit gewöhnen die Eltern sich daran, und dann finden sie ihren ganz eigenen Stil, der für sie und das Kind gut ist.*

Eltern empfinden es als Manipulation, wenn ein Kind für etwas gelobt wird, was sie wollen.

> *Es wäre dann Manipulation, wenn das Kind etwas tun soll, was nicht gut ist für seine Entwicklung.*

> *Wenn Eltern loben, wenn das Kind sich so verhält, dass es sich richtig entwickeln und sich wohl fühlen kann, dann geben sie dem Kind Sicherheit.*

Eltern meinen, dass ihr Kind es nicht angenehm findet, wenn es gelobt wird – vor allem nicht im Beisein anderer Menschen.

> *Für ein Kind kann es ungewohnt sein, dass seine Eltern so mit ihm umgehen, vor allem dann, wenn es bis jetzt anderes erlebt hat.*

> *Durch sorgfältige Begleitung der Eltern (mit viel Lob ihnen gegenüber als Modell) werden sie mit dem Kind eine gute Form finden.*

Eltern haben bereits Belohnungen und Lob als Verstärker benutzt, aber ohne Resultat:

> *Gehen Sie mit den Eltern der Frage nach, warum ihr belohnendes Verhalten ohne Resultat war. Haben es die Eltern lange genug durchgehalten, war die Belohnung tatsächlich eine Belohnung für die Kinder, war die Belohnung nahe genug beim Verhalten etc.?*

> *Stehen Sie Modell, machen Sie den Eltern immer wieder vor, wie sie richtig loben und belohnen können.*

> *Erklären Sie, dass die Umstände vielleicht jetzt anders sind. Ermuntern Sie die Eltern, es weiter zu versuchen, weil die Chance besteht, dass es jetzt klappt.*

16 Das soziale Netzwerk aktivieren

16.1 Bedeutung des Netzwerkes

In der Lebenswelt von Familien gibt es verschiedene mit der Familie verbundene Personen und Personengruppen (informelle Kontakte) einerseits, ein Netz sozialer Dienstleistungen wie Krippe, Hort, Jugendtreff, Quartiertreff, schulische Angebote, Arbeitsplätze (formelle Kontakte) andererseits. Der Nahraum ist – neben sozialen Dimensionen – charakterisiert durch physisch-materielle Aspekte wie Straßen, Plätze, Läden, Parks, Gebäude, Verkehr etc. Das Zusammenspiel dieser sozialen und physisch-materiellen Welt bildet die Lebenswelt und stellt Ressourcen und Risiken für Entwicklung und Lernen bereit. Wir legen in diesem Kapitel den Fokus auf das soziale Netzwerk, d.h. auf die Menschen und die sozialen Systeme/Angebote im Umfeld der Familien und auf die Möglichkeiten, vorhandene Netzwerke für die Familie zu nutzen oder neue aufzubauen.

Berufliche Mobilität, Migration, Diskontinuitäten im Familienzyklus sind Faktoren, die dazu führen, dass viele Kinder, Jugendliche und deren Eltern(-teile) nicht auf ein einigermaßen konstantes und genügend unterstützendes Netzwerk zurückgreifen können. Damit gehen ihnen viele Schutzfaktoren verloren, welche soziale Netzwerke bereitstellen können, wie z. B.:

> *Emotionale Unterstützung:*
> *Nähe, Vertrauen, Engagement, Akzeptanz und aktives Zuhören*

> *Unterstützung bei Problemen:*
> *Ansprechen eines Problems, Informationen zum Problem erhalten, Ermutigung finden, Rückmeldung erhalten*

> *praktische und materielle Unterstützung:*
> *materielle Hilfe, Beistand und Begleitung in schwierigen Situationen, Entlastung von Aufgaben*

> *soziale Integration:*
> *Übereinstimmung von Werten und Lebensvorstellungen*

> *Beziehungssicherheit:*
> *Vertrauen in Beziehungen, Kontinuität und Verlässlichkeit.*

In der Informationsphase wird ganz im Sinne der Lebensweltorientierung das soziale Netzwerk der einzelnen Familienmitglieder systematisch beschrieben und bewertet. Dies erfolgt mit verschiedenen Instrumenten (**NK, NS**), mit denen Daten zu folgenden Aspekten des Netzwerkes erhoben werden können:

> *Quantität:*
> *Welches Ausmaß und welche Dichte hat das soziale Netz, wie häufig finden Kontakte statt?*

> *Qualität:*
> *Welche Gefühle (Sympathien, Antipathien) prägen die Kontakte zwischen den Beteiligten im Netzwerk? Wie lange bestehen sie? Sind sie freiwillig oder unfreiwillig? Welche Art von Unterstützung können die Personen bieten? Sind die Personen zuverlässig? Sind die Beziehungen einseitig oder gegenseitig?*

> *Macht:*
> *Wie ist die Macht im Netzwerk – formell und informell – verteilt? Wird Macht entwicklungsfördernd oder entwicklungsbehindernd eingesetzt?*

> *Kommunikation:*
> *Welche Kommunikationsformen gibt es (mündlich oder schriftlich, face-to-face oder indirekt)? Wo sind Störungen, Konflikte, Koalitionen, Isolation? Welche kommunikativen Verknüpfungen sind konstruktiv, welche destruktiv?*

Zur Interpretation des sozialen Netzes wird versucht, hilfreiche Beziehungen als reale oder potenzielle Schutzfaktoren, dysfunktionale Beziehungen als reale oder potenzielle Risikofaktoren zu identifizieren. Lücken und Leerstellen im sozialen Netz werden sichtbar und können für die Problembearbeitung bedeutsam sein. Auch die qualitativen Merkmale der Beziehungen werden für die zentralen Personen beschrieben. Und es wird diskutiert, was passieren kann, wenn das Familienmitglied das Netzwerk neu aktiviert resp. erweitert: welche Dynamik entsteht, und was bewirken Veränderungen bei wem?

Bereits das Sammeln von Informationen zum Netzwerk bewirkt Veränderungen: die Familienmitglieder werden sich bewusster, welche Personen in ihrer Umgebung bedeutsam sind oder wichtig werden könnten. In der Folge werden häufig Kontakte wiederbelebt, ohne dass dafür spezielle Schritte geplant werden müssen.

Aus der Netzwerkanalyse kann ein konkreter Arbeitspunkt entstehen, oder die Ergebnisse werden als Schutz- oder Risikofaktoren für bestimmte Entwicklungsaufgaben bewusst einbezogen.

Beispiel

*Hakan und die Familienarbeiterin haben mit der Netzwerkkarte **NK** das soziale Netz von Hakan beschrieben. Die Position von Vater und Bruder und die fehlenden Kontakte machen ihm Mühe. Die anschließende Diskussion zeigt auf, dass Hakan mit dem Vater vor allem deshalb keinen Kontakt haben will, weil die Mutter das nicht erträgt.*

Für die Veränderungsphase bedeutet dies:

Das Fehlen männlicher Personen im Nahraum ist für viele Entwicklungsaufgaben von Hakan ein Risikofaktor. Es muss nach Möglichkeiten gesucht werden, wie Hakan Kontakte mit männlichen Rollenvorbildern knüpfen kann.

Der Kontakt zum Vater und zum Bruder wird zu einem Arbeitspunkt. Dieser Punkt wird die bestehenden Beziehungen möglicherweise stark verändern, was vor allem für die Mutter nicht leicht sein dürfte.

16.2 Fähigkeiten zur Aktivierung des Netzwerkes

Um das soziale Netzwerk nutzen zu können, brauchen Familienmitglieder eine Reihe von Fähigkeiten, die zur Aktivierung des Netzes bewusst eingesetzt oder erweitert werden müssen. Zu den benötigten Fähigkeiten gehören die folgenden:

> *Abbau von negativen Gedanken über die eigene Person, welche Kontakte mit anderen Menschen behindern können, sowie Aufbau von positiven Gedanken. «Ich bin langweilig, nicht schön, zu klein, spreche nicht genügend gut Deutsch etc.» (Technik SHG)*

> *Abbau von negativen Gedanken über andere Personen sowie Aufbau von positiven Gedanken: «Mein Vater will mich sicher nicht mehr sehen, die Lehrerin hat etwas gegen mich, niemand hat mich gern, alle reden schlecht über mich etc.» (Technik SHG)*

> *Verbessern der kommunikativen Fähigkeiten: klare Fragen stellen, seine Anliegen klar und gegenüber der richtigen Person vorbringen, Zurückfragen, Verständnis zeigen, wenn jemand keine Zeit hat, höflich sein etc.*

> *Erste-Hilfe-Karte erstellen, um soziale Unterstützung in kritischen Situationen zu sichern.*

> *Achten auf Gegenseitigkeit und selber Unterstützung anbieten: z. B. auf die Tochter der Nachbarin aufpassen, als Dank dafür, dass diese Großeinkäufe mit dem Auto erledigt.*

Die Grundlagen für die Erweiterung von Fähigkeiten sowie für die Arbeit mit störenden Gedanken finden sich in den Kapiteln 12 und 13.

16.3 Vermitteln in Konfliktsituationen

Es kann nötig sein, dass die Fachperson bei bestehenden Konflikten zwischen Familienmitgliedern und Personen aus dem Netzwerk vermitteln muss, bevor die Personen zur Unterstützung ins Netz eingebunden werden können. Diese Vermittlung beinhaltet z. B. Besuche bei Verwandten, zu denen der Kontakt abgebrochen wurde, Kontakte ermöglichen und begleiten zu Lehrpersonen, zu Freunden der Kinder, zum Arbeitgeber etc. Wenn Konflikte gelöst werden können, verschwinden wichtige Stressoren im Umfeld, die sich negativ auf Entwicklungsaufgaben auswirken können. In allen Fällen steht das Gespräch als Methode im Zentrum. Untenstehend zeigen wir, wie die allgemeine Gesprächstechnik für Gespräche in Konfliktsituationen angepasst werden muss.

Schritte für die Vermittlung in Konflikten

1. *Ein Gespräch als Vermittlungshilfe vorschlagen*
   Die Fachperson zeigt auf, wie ein Gespräch in der Konfliktsituation helfen könnte, welche die Ziele und Ergebnisse eines solchen Gesprächs sein könnten, und sie nimmt allfällige Bedenken ernst: «Wovor haben Sie Angst, was macht Ihnen am meisten Mühe?»

2. *Gespräch vorbereiten*
   Mit dem Familienmitglied wird das Gespräch mit folgenden Fragen vorbereitet:
   - Was sind die Themen, über die Sie sprechen wollen?
   - Wie können Sie diese darlegen?
   - Wer soll beim Gespräch dabei sein?
   - Wie werden die anderen Personen reagieren?
   - Was können Sie dann tun und sagen?
   - Was wollen Sie mit dem Gespräch erreichen, und was ist im Minimum machbar?
   - Wo kann das Gespräch am besten stattfinden?

   Gemeinsam wird vereinbart, welche Rolle die KOFA-Fachperson im Gespräch spielt, wer einladen und wie das Gespräch beginnen soll. Kritische Gesprächssituationen können in einem Rollenspiel geübt werden. Wichtig ist es, dem Familienmitglied gegenüber zu betonen, dass die Fachperson in einem solchen Gespräch eine andere Rolle einnimmt: sie ist Gesprächsleiterin oder Mediatorin, nicht aber Familienarbeitende der Familie.

3. *Kontakt aufnehmen und einladen*
   Wenn immer möglich nimmt das Familienmitglied selber Kontakt auf, um für das Gespräch einzuladen (evt. nach Übung). Nur wenn das nicht möglich ist, übernimmt die Fachperson diese Aufgabe. In jedem Fall sollen die eingeladenen Personen über die Situation und das Thema des Gesprächs informiert werden. Wenn die Fachperson die Kontaktaufnahme bewerkstelligt, bietet sich die Möglichkeit, die Reaktion des Gegenübers zu hören und darauf so zu reagieren, dass eine Basis für ein Gespräch möglich wird. Im Kontaktgespräch werden Ort, Zeit, Dauer, Teilnehmende, Thema und Ziele des Gesprächs vereinbart.

4. *Das Gespräch durchführen*
   Am vereinbarten Ort treffen sich die teilnehmenden Personen. Die Fachperson gibt den Ablauf bekannt:
   - Begrüßung und Festlegen von Inhalt und Zielen des Gesprächs
   - Erläutern der Struktur für das Gespräch: Rollen, Zeit, Pausen, Regeln etc.
   - Einholen von Reaktionen zum Ziel des Gesprächs sowie zum Konflikt
   - Formulieren der Fragen/Anliegen des Familienmitglieds
   - Sammeln von Aussagen und Reaktionen der anderen Personen im Raum
   - Suchen nach einer Lösung

   Zu Beginn geht es um einen informellen Austausch. Die Fachperson achtet darauf, dass das Gespräch nicht ins Negative kippt und leitet über zum Inhalt. Die Rolle der Fachperson ist es, immer wieder auf die Bearbeitung des Hauptthemas hinzuweisen und Nebenthemen zwar zu registrieren (z. B. auf einem Flipchart), aber nicht zu bearbeiten. «Das ist zwar ein wichtiger Punkt, über den wir später auch noch sprechen können. Jetzt bleiben wir vorerst bei …»

Die Fachperson achtet darauf, dass alle Seiten gut mitteilen können, was sie denken und wollen, und dass die Botschaften gegenseitig verstanden werden. Dazu kann eine gute Visualisierung beitragen.

Am Schluss des Gesprächs geht es darum, die aufgeworfenen Fragen zu beantworten, die Möglichkeiten zur Unterstützung und Entlastung der Familie zu vereinbaren und für die nahe und fernere Zukunft eine klare Situation für alle zu schaffen.

5. *Das Gespräch nachbereiten*
In der Regel ist es hilfreich, das Gespräch mit dem Familienmitglied nachzubereiten und die gemachten Erfahrungen für die Arbeitspunkte und Lernthemen zu nutzen.

Die Fachkraft als Gesprächsleiterin/Mediatorin

Die Vorbereitung und Durchführung eines Vermittlungsgesprächs ist anspruchsvoll für die Fachperson. Trotz guter Vorbereitung passiert in der Situation immer auch Unvorhergesehenes, auf das sie adäquat reagieren muss. Die Fachperson muss beachten:
1. dass faire Regeln für die Kommunikation eingehalten werden;
2. dass das Ziel des Gesprächs nicht auch den Augen gerät;
3. dass die Familienmitglieder ihre Fähigkeiten zeigen und weiterentwickeln können.

Die Fachperson braucht für die Moderation eine Reihe weiterer Fähigkeiten/Techniken:
- Vorbereiten des Settings: Ort, Raum, Materialien, Getränke etc.
- Rollen klären
- Traktanden/Themen sammeln und visualisieren
- Regeln einführen: mit «Ich» sprechen (nicht «man» oder «wir»), ausreden lassen, keine Abwertungen
- Aufmerksamkeit verteilen: dafür sorgen, dass alle sich äußern können
- Phasieren: Anfangsphase, Hauptphase, Schlussphase
- das Wort erteilen: Personen um eine Aussage bitten und andere einladen, darauf zu reagieren
- Zusammenfassen: immer wieder den Stand des Gesprächs zusammenfassen, um dieses zu steuern
- Ergebnisse visualisieren
- Gefühle reflektieren: das Benennen von Gefühlen gibt den Gesprächsteilnehmenden das Gefühl, dass wirklich auf sie gehört und geachtet wird. Auch kann das Aussprechen von Gefühlen helfen, die gegenseitigen Beziehungen zu verdeutlichen. «Ich habe den Eindruck, dass dieser Satz Sie sehr getroffen hat. Möchten Sie dazu was sagen?» «Haben Sie gesehen, wie ihre Aussage Hakan gefreut hat?»

- Modell stehen: die Art und Weise, wie die Fachperson das Gespräch gestaltet, ist immer auch Modell für die Teilnehmenden.
- Zeichen geben: Familienmitglieder verbal oder nonverbal ermutigen, etwas zu sagen oder eine gemachte Aussage zu kommentieren. «Sie wollten auch noch etwas sagen, oder?» «Wir haben schon mal darüber gesprochen, es wäre gut, wenn Sie jetzt ...» Nonverbal kann Anschauen oder Nicken als Ermutigung wirken. Allenfalls können auch vorher vereinbarte Zeichen eingesetzt werden.
- Abschließen: das Gespräch für alle klar erkennbar beenden, festhalten der Ergebnisse und allfälliger Abmachungen.

Zum Schluss

Das soziale Netzwerk soll zu einem wichtigen und nachhaltigen Schutzfaktor für die Familie resp. für einzelne Familienmitglieder werden. Bei Abschluss der Veränderungsphase ist daher darauf zu achten, dass das Netz auch nach Beendigung der Hilfe trägt, resp., was getan werden kann, wenn das Netz nicht mehr trägt oder Konflikte wieder oder neu entstehen.

Abschlussphase

17 Abschluss und Follow up

Nach Abschluss der zeitlich befristeten Veränderungsphase geht es darum, die Arbeitsbeziehung mit der KOFA-Fachperson zu beenden und allfällige Anschlussmaßnahmen zu besprechen. Die Themen, die in der Schlussphase anstehen, werden nachfolgend ausgeführt.

17.1 Der geplante Abschluss

In den Standardmodulen KOFA-6-Wochen resp. KOFA-6-Monate erfolgt in der fünften Woche resp. im fünften Monat eine Standortbestimmung: der Verlauf der Hilfe wird gemeinsam mit der Familie evaluiert, und auf der Basis des Schlussberichts wird diskutiert, welche Ziele erreicht wurden, was noch bleibt und ob und, wenn nötig, welche Anschlusshilfe indiziert ist.

Die Zusammenarbeit mit der zuweisenden Instanz

Während der ganzen Arbeitsperiode wird mit der zuweisenden Instanz zusammengearbeitet. Diese wird mit Hilfe des Zwischenberichts (resp. mehrerer Zwischenberichte beim 6-Monate-Modul) über die laufende Arbeit informiert. Bei außerordentlichen Vorkommnissen resp. immer dann, wenn Entscheide von größerer Tragweite anstehen, wird die Behörde einbezogen. In der Regel ist die zuweisende Instanz beim Schlussgespräch mit der Familie anwesend und übernimmt als Case Manager ab diesem Zeitpunkt – resp. nach Erhalt des Schlussberichts – die Zuständigkeit für die Familie. Mit der Behörde muss vor der Schlussbesprechung mit der Familie über allfällige Anschlussmaßnahmen gesprochen werden. Die zuweisende Instanz muss hinter dem geplanten Vorgehen stehen und meistens auch die Finanzierung regeln. Diese Kontaktnahme bedeutet aber nicht, dass die KOFA-Fachperson nicht trotzdem an Empfehlungen festhalten kann, wenn diese aus ihrer Sicht indiziert erscheinen.

Der Abschluss mit der Familie

Der Abschluss der Arbeitsphase ist für die Familie oft mit ambivalenten Gefühlen verbunden. Die intensive Hilfe wird gestoppt, und die Familie muss jetzt wieder allein oder mit weniger intensiver Hilfe zurecht kommen. Manchmal sind die Familienmitglieder auch erleichtert, weil die anstrengende und intensive Periode vorbei ist, und die Familie ohne die Anwesenheit einer fremden Person miteinander weiterleben kann.

Es ist wichtig, dass der Abschluss einen positiven Charakter hat. Darum betont die Fachperson nachdrücklich, was die Familie bezüglich der Ziele und Arbeitspunkte erreicht hat. Während des abschließenden Gesprächs mit der Familie wird zuerst Rückblick gehalten auf den Anlass für die Familienintervention sowie auf den Start und den Verlauf der einzelnen Sitzungen. Danach rücken die Ziele und Arbeitspunkte, an denen gearbeitet wurde, in den Blickpunkt. Es wird festgestellt, was erreicht wurde und was eventuell noch liegen geblieben ist. Schließlich schaut man nach vorn, auf die Punkte, die noch weiterer Aufmerksamkeit bedürfen, und diskutiert Zielsetzungen für eine allfällige Folgehilfe. Der Entwurf des Schlussberichts (**SB**) bildet die Basis für dieses Gespräch. Der Bericht wird anschließend bereinigt und der Familie zur Unterschrift ausgehändigt. Oft wird das Ende der Arbeitsperiode durch eine kleine Aufmerksamkeit betont, etwa durch einen gemeinsamen Ausflug, einen Kuchen zum Kaffee oder ein kleines Geschenk für die Kinder.

Die Fachperson informiert die Familie, dass die Leitung der für die Intervention zuständigen Stelle nach ca. drei, sechs und zwölf Monaten mit der Familie telefonisch Kontakt aufnehmen wird, um zu erfahren, wie die Familie die Hilfe erlebt hat und wie nachhaltig diese war.

17.2 Der nicht geplante Abschluss

In einigen Fällen muss die Hilfe vorzeitig abgebrochen werden. Untersuchungen in Holland haben gezeigt, dass bei ca. zehn Prozent der Krisenintervention mit Families First das Programm innerhalb von sieben Tagen beendet werden musste. Interventionen in weniger akut belasteten Familien dürften eine geringere Abbruchquote aufweisen. Datenbasierte Aussagen über Abbrüche liegen für die Schweiz noch nicht vor.

Ein nicht geplanter Abschluss kann erfolgen, weil die Fachperson keine tragfähige Arbeitsbeziehung mit der Familie aufbauen konnte, was sich beispielsweise daran zeigt, dass sie regelmäßig vor verschlossener Tür steht oder dass die Personen, mit denen ein Kontakt vereinbart wurde, nicht zuhause sind. Ein anderer Grund kann sein, dass die Fachperson mit der Familie keine gemeinsamen Arbeitspunkte vereinbaren konnte, weil die Vorstellungen über die Probleme in der Familie zu weit auseinander gingen. Die Intervention kann auch abgebrochen werden, wenn die Sicherheit als bedroht resp. das Kindeswohl als nicht gesichert beurteilt wird und die Fachperson es unverantwortlich findet, mit der Familie weiterzuarbeiten. Die Fremdplatzierung eines Kindes/mehrerer Kinder durch die zuweisende Instanz kann dann eine mögliche Folge sein. Die Fachperson entscheidet nicht auf eigene Faust, die Hilfe zu beenden, sondern überlegt dies immer zusammen mit der Teamleitung und der zuweisenden Instanz. Die Fachperson kann den Kontakt auch vorzeitig beenden, wenn ihre eigene Sicherheit in Gefahr ist. Während der Arbeitsperiode kann auch plötzlich eine Kontraindikation für die Hilfe auftreten, beispielsweise weil die Eltern oder das Kind doch einer Fremdplatzierung den Vorzug geben, oder weil die Probleme in der Familie so gravierend sind resp. sich so verschlechtert haben, dass sie nur mit Hilfe einer Fremdplatzierung gelöst werden können.

17.3 Die Anschlusshilfe

Beim Abschluss des 6-Wochen-Programms ist meistens irgendeine Form von Anschlusshilfe nötig, das heißt eine weniger intensive Form der Hilfe für die Familie oder für eines der Familienmitglieder. Darunter fällt auch die Unterstützung durch das Netzwerk, das gemeinsam mit der Familie aufgebaut wurde. Auch eine Verlängerung des KOFA-Einsatzes kann in bezeichneten Fällen indiziert sein. Diese muss immer im Rahmen des Schlussberichtes begründet werden.

Die Suche nach geeigneten Anschlussmaßnahmen findet immer in Absprache mit der zuweisenden Instanz und mit der Familie statt. Die KOFA-Fachperson spielt eine wichtige Rolle dabei, Anschlussmaßnahmen gegenüber der Familie zu begründen und die Bereitschaft dazu zu erarbeiten.

Familien sind oft nicht in der Lage, Empfehlungen und Anschlussmaßnahmen aus eigener Kraft umzusetzen. Hier kann die Fachperson in der Abschlussphase entsprechende Vorbereitungen treffen, z. B. durch die Suche nach Personen und Angeboten und die Hilfestellung bei der Stabsübergabe an allfällige Nachfolgepersonen. Eine andere Möglichkeit ist es, mit der Familie gezielt an den benötigten Fähigkeiten zu arbeiten: Informationen einholen, Schritte planen, Fragen an Personen formulieren, sich präsentieren, nein sagen können, wenn das Angebot oder die Lösung nicht stimmt und weiteres mehr.

Anschlusshilfen suchen

Von der KOFA-Fachperson wird oft viel Kreativität und gute Kenntnisse der sozialen Landschaft verlangt, um geeignete Formen für die Anschlusshilfe zu finden. Manche Gemeinden resp. Regionen verfügen über ein reichhaltiges Angebot z. B. an Horten, Krippen, Angeboten für Jugendliche, Arbeitsplätzen, Beratungsstellen etc., an anderen Orten fehlen solche Angebote resp. sind für die Familie nicht erreichbar. Und wenn es geeignete Angebote gibt, sind diese nicht immer kurzfristig verfügbar resp. haben keine freien Plätze. Für solche Fälle gibt es keine eindeutigen Lösungen. Vorschläge dazu sind:

> - *regelmäßig im KOFA-Team die Möglichkeiten besprechen und voneinander lernen*
> - *gemeinsam ein «Dossier Anschlussmaßnahmen» anlegen, in dem Möglichkeiten und Angebote aufgelistet und laufend erweitert werden*
> - *Netzwerke mit Kontaktpersonen aufbauen, auf die für rasche Lösungen zurückgegriffen werden kann*
> - *niederschwellige und freiwillige Angebote berücksichtigen, z. B. einen Treffpunkt in der Nachbarschaft, eine freiwillige Müttergruppe, einen aktiven Sporttrainer, eine pensionierte Lehrperson in der Nachbarschaft, kirchliche Angebote, Kurse und so weiter.*

17.4 Der Schlussbericht

Zum Abschluss der KOFA-Intervention schreibt die Fachperson den Schlussbericht mit Hilfe des Formulars **SB**. Der Entwurf des Berichts wird mit der Familie an einem der letzten Treffen besprochen. Im Schlussbericht stehen also nur Informationen, von denen die Familie Kenntnis hat. Eventuelle Anmerkungen der Familie werden in den definitiven Schlussbericht mit aufgenommen. In einigen Fällen kann das bedeuten, dass dem Bericht Einschätzungen der Familie resp. einzelner Familienmitglieder angefügt werden, die von der Fachperson nicht geteilt werden.

Nach dem letzten Besuch und der Besprechung des Schlussberichts wird der Bericht wenn nötig korrigiert. Der definitive Bericht (mit Begleitbrief für die Familie – siehe unten) wird innerhalb einer Woche – nach Genehmigung durch die Teamleitung – an die zuweisende Instanz und an die Familie geschickt.

Der Inhalt des Schlussberichts

Der Schlussbericht für die zuweisende Instanz umfasst drei bis vier A-4 Seiten und enthält Aussagen zu folgenden Themen (Formular **SB**).

- Kurzangaben zur Familie
- Gründe für die Familienintervention/Ziele der zuweisenden Instanz
- Informationsquellen
- Präsenz in der Familien
- Erwünschte Veränderungen/Ziele der Familie: Stand
- Lebensbedingungen/Kompetenzen: Stand
- Zielerreichung aus der Sicht der KOFA-Fachperson: Ziele gut genug, teilweise oder nicht gut genug erreicht
- Zielerreichung aus der Sicht der Familie: Ziele gut genug, teilweise oder nicht gut genug erreicht
- Kongruenz bez. Zielerreichung zwischen Fachperson und Familie/Hilfeakzeptanz
- Zusammenfassung
- Empfehlungen für nächste Schritte

Die Aussagen im Schlussbericht werden klar verständlich und nicht abwertend formuliert. Der Bericht wird vor der Besprechung mit der Familie mit der zuständigen Teamleitung besprochen. Der von der Familie unterzeichnete Bericht ist die Grundlage für die Abschlussbesprechung mit der zuweisenden Instanz.

Inhalt des Begleitbriefs an die Familie

Der Bericht wird mit einem kurzen Begleitschreiben, in dem folgende Themen enthalten sind, an die Familie geschickt:

> *Dank für den geleisteten Einsatz und die Teilnahme am Programm*

> *Kurze Zusammenfassung der Fortschritte bezüglich der Ziele (wichtig für die Follow-up-Gespräche)*

> *kurze Beschreibung der Empfehlungen und Anschlussmaßnahmen und deren Bedeutung*

> *Ankündigung der Follow-Up-Gespräche nach drei Monaten, sechs Monaten und einem Jahr und Kontaktperson der Fachstelle (mit Telefonnummer)*

> *Hinweis auf den beigefügten Schlussbericht*

Der Gutschein

Die Familie resp. die einzelnen Familienmitglieder ab ca. zehn Jahren erhalten einen Gutschein, den sie bei Bedarf für einen Kontakt mit der KOFA-Fachperson einlösen können. Der Gutschein enthält sinngemäß einen Text wie im untenstehenden Beispiel. Der Gutschein gibt der Familie ein Gefühl von Sicherheit und erleichtert den Abschied. Der Arbeitsaufwand für allfällige Nachfolgekontakte, die auf Grund der bisherigen Erfahrungen in der Schweiz sehr selten gewünscht werden, muss in der Preisgestaltung als Faktor eingerechnet werden.

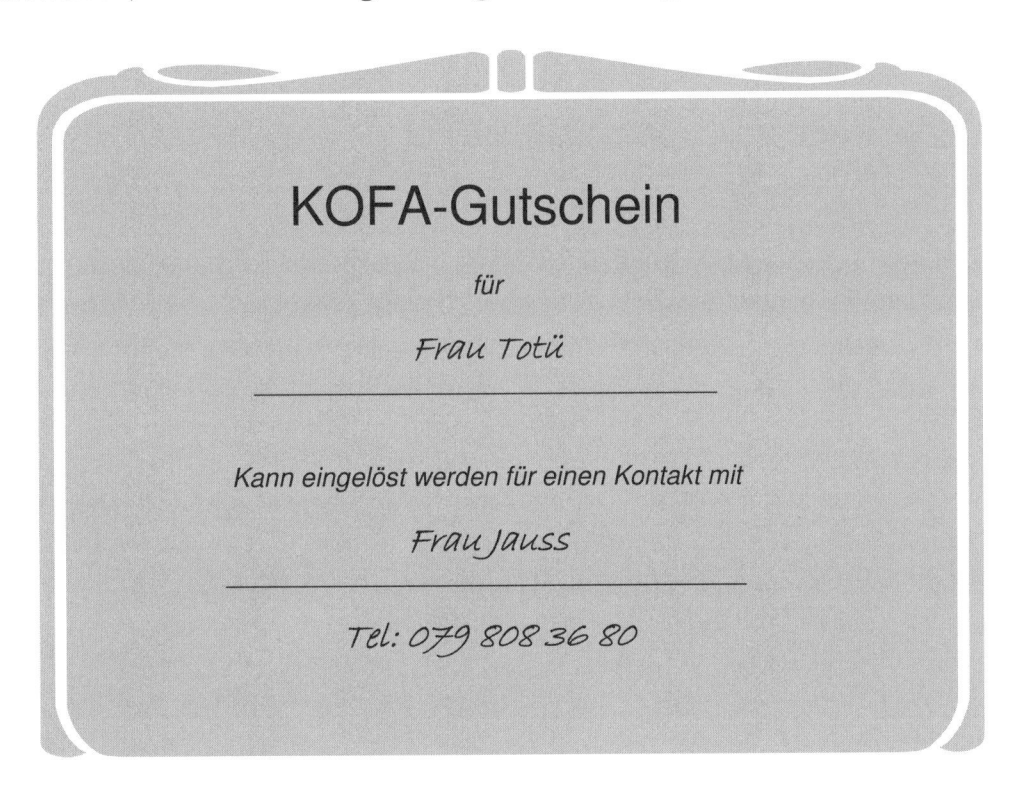

KOFA-Gutschein

für

Frau Totü

Kann eingelöst werden für einen Kontakt mit

Frau Jauss

Tel: 079 808 36 80

17.5 Follow-up-Gespräche

Die KOFA-Methodik sieht als Standard ein Abschlussgespräch und mehrere Follow-up-Befragungen bei den involvierten Familien vor. Für diese Befragungen sind im Rahmen der Zürcher KOFA-Evaluationsstudie entsprechende Instrumente entwickelt worden, die die Erfahrungen aus holländischen Studien und aus der Bremer Evaluationsstudie (Erzberger, 2004) berücksichtigen. Zurzeit werden erste Erfahrungen gesammelt – spätere Anpassungen sind denkbar.

Wann

Als KOFA-Standard Schweiz werden drei Follow-up-Gespräche durchgeführt: nach drei, sechs und zwölf Monaten.

Wer

Die Follow-up-Gespräche werden in der Verantwortung der KOFA-Fachstellen von der Teamleitung resp. von einer qualifizierten Person durchgeführt, die nicht selbst die Familienintervention durchgeführt hat.

Wie

Die Gespräche werden in der Regel telefonisch mit Hilfe eines Gesprächsleitfadens geführt. Bei sprachlichen Verständigungsproblemen ist ein mündliches Gespräch mit einer dolmetschenden Person zu prüfen. Kinder sollten für diese Gespräche nicht als Dolmetscher fungieren.
Die Gespräche werden in der Regel mit den Eltern(-teilen) geführt. Wenn Jugendliche die Fokuspersonen waren, werden auch mit den Jugendlichen (ab. ca. 14 Jahren) Gespräche geführt.

Die Durchführung eines Follow-up-Gesprächs wird in geeigneter Form (im Team, in Coachings, in telefonischen Probe-Interviews mit Kolleginnen/Kollegen) geübt.

Instrumente

Für die drei geplanten Gespräche gibt es je einen Gesprächsleitfaden. Im Gesprächsleitfaden werden die Aussagen kurz protokolliert. Ausgewählte Themen werden auf einer Skala von 1 (sehr schlecht) bis 6 (sehr gut) bewertet oder in einer anderen Form kodiert. Die Instrumente können unter www.kompetenzorientierung.ch oder www.haupt.ch/KOFA heruntergeladen werden (**FormularFU-3M, FormularFU-6M, FormularFU-12M**).

Auswertung

Die Follow-up-Instrumente können in einem einfachen Excel-Tool ausgewertet werden. Das Tool wird bis Sommer 2008 erprobt und steht dann weiteren Leistungserbringern zur Verfügung.

Implementierung

18   Implementierung von KOFA

Die Arbeit in Familien nach der KOFA-Methodik verlangt auf der Seite der Leistungserbringer gewisse Voraussetzungen. Es braucht eine klare Entscheidung des Managements resp. der Gesamtleitung, KOFA als standardisierte Methodik anbieten zu wollen und die Unterstützungsprozesse der Organisation entsprechend auszurichten. Nur so kann die Methodik-Treue gewährleistet und die Methodik durch Evaluationen weiterentwickelt werden. Mit Vorteil entscheiden sich einige Leistungserbringer gemeinsam dafür, die Methodik zu implementieren, um die nötigen Prozesse möglichst synergetisch zu gestalten und die gemachten Erfahrungen gemeinsam evaluieren zu können. In diesem Sinne haben sich fünf Leistungserbringer in der deutschen Schweiz für die Implementierung und Weiterentwicklung der KOFA-Module entschieden.

Selbstverständlich können einzelne Fachpersonen in der Arbeit mit Familien von Instrumenten und Technik der Kompetenzorientierung profitieren – sie bieten dann aber keine KOFA-Module an, sondern arbeiten individuell im Sinne der Kompetenzorientierung. Auch für diese Art, die Kompetenzorientierung zu nutzen, braucht es eine entsprechende individuelle Ausbildung, Fach- und Fallbegleitung und Supervision.

In diesem Abschnitt geht es um die Implementierung von KOFA
- in Organisationen, die als spezialisierte Fachstellen für die aufsuchende Familienarbeit resp. die sozialpädagogische Familienarbeit arbeiten
- in Organisationen, die KOFA neben weiteren Leistungen anbieten (z. B. stationäre Settings, Pflegefamilien, Tagesstätten etc.).

Kompetenzorientierte Implementierung
Der Entscheid für die Einführung einer Methodik soll vom Management gut vorbereitet werden. Das Gelingen dieses Schritts hängt wesentlich ab von der realistischen Einschätzung des Veränderungs- und Lernpotenzials innerhalb der Organisation. Auch hier stellt die Kompetenzorientierung einen hilfreichen Rahmen für die Planungsprozesse bereit.

Nicht nur Individuen handeln mehr oder weniger kompetent, auch Organisationen können danach unterschieden werden, wie gut es ihnen gelingt, Lern- und Entwicklungsprozesse zu bewältigen. Was wir im Teil Grundlagen für Personen dargestellt haben, lässt sich sinngemäss auf Organisationen übertragen: eine Organisation (resp. das Management einer Organisation) handelt dann kompetent, wenn es ihr gelingt, die anstehenden Aufgaben mit den vorhandenen Ressourcen/Fähigkeiten zu bewältigen. Die Kompetenzbalance zwischen Aufgaben und Fähigkeiten in der Organisation kann durch interne oder externe Stressoren beeinträchtigt, durch interne oder externe Schutzfaktoren verbessert werden. Der Entscheid, einen Veränderungsprozess in der Organisation einzuleiten, verlangt dementsprechend eine klare Vorstellung über die anfallenden Aufgaben, die Beschreibung der in der Organisation verfügbaren Ressourcen/Fähigkeiten sowie eine differenzierte Analyse der internen und externen Schutz- und Risikofaktoren. Wenn nötig – was bei der Implementierung einer Methodik gegeben sein kann – muss externes Wissen und Können beigezogen werden, um anfängliche Fähigkeitsdefizite in der Organisation zu ergänzen und organisationsinterne Lernprozesse zu unterstützen.

18.1 Konkrete Aufgaben für die Implementierung

Die allgemeinen Überlegungen für eine gelingende Implementierung konkretisieren wir nun für die einzelnen Ebenen Organisationen/Fachstellen, die mit der KOFA-Methodik arbeiten wollen: für die Leitung der Gesamtorganisation/das Management, die Leitung eines KOFA-Teams sowie für die einzelnen KOFA-Fachpersonen.

Die Leitung/das Management

> *Entscheidet, KOFA zu implementieren, plant und steuert die Veränderungsprozesse. Wenn nötig, werden externe Fachpersonen beigezogen.*

> *Entscheidet, welche KOFA-Instrumente – zugeschnitten auf die eigene Organisation – eingesetzt werden sollen und welche Methoden und Techniken als Standard für alle gelten.*

> *Stellt die benötigte Aufbau- und Ablauforganisation sicher: welche Rollen gibt es für die KOFA-Organisationseinheit, welche Kommunikationsgefäße und -prozesse braucht es, wer hat welche Entscheidungsbefugnisse?*

> *Stellt Ressourcen für die Qualifikation und Einführung der Mitarbeitenden bereit.*

> *Sichert die periodische Evaluation und die Wirkungskontrolle mit Hilfe der KOFA-Standardinstrumente und des Auswertungstools, das ab Herbst 2008 zur Verfügung steht.*

> *Verantwortet die Qualitätsentwicklung und -sicherung (Struktur-, Prozess- und Ergebnisqualität).*

Die Teamleitung

> *Kennt die KOFA-Methodik und hat eigene Erfahrung in der Arbeit mit Familien.*

> *Stellt die Instrumente zur Verfügung und legt die internen Abläufe verbindlich fest.*

> *Gewährleistet die Methodik-Treue bei den Mitarbeitenden. Sie begleitet, coacht und überprüft die Familieneinsätze und bespricht auf der Basis der **NOTIZ**-Formulare die Umsetzung der Methodik.*

> *Ist fähig und bereit, die Wirksamkeit der Methodik zu evaluieren (evt. in Kooperation mit externen Fachleuten) und entsprechende Anpassungen an der Methodik vorzunehmen. Sie verantwortet die Follow-Up-Gespräche und zieht Schlüsse aus den Evaluationsergebnissen. Sie wirkt mit in der Qualitätsentwicklung und –sicherung.*

Die Mitarbeitenden

> *Sind von ihren fachlichen und persönlichen Voraussetzungen her geeignet für die aufsuchende Arbeit mit Familien. Wichtige Eignungskriterien sind:*
> *- gutes Fachwissen (Familie, familiäre Belastungen, Entwicklung, Migration)*
> *- Berufserfahrung in anderen Arbeitsfeldern*
> *- gute Alltagskompetenzen (Haushalt, Hausaufgaben, Budget)*
> *- tolerante Haltung*
> *- gute soziale Kompetenzen (kommunikative Fähigkeiten, Konfliktfähigkeit, Humor)*
> *- gute Selbstkompetenzen (Selbstbeobachtung, Selbststeuerung)*
> *- Aktiver Zugang zu Problemen, Neugierde, Phantasie*

> *Haben das Basistraining für die kompetenzorientierte Familienarbeit absolviert und nehmen regelmäßig an Ergänzungs- und Austauschkursen teil.*

> *Setzen die kompetenzorientierten Instrumente und Techniken in ihrem Alltagshandeln in Familien ein (Kontrollinstrument: NOTIZ-Formulare, Coachings, Fallbegleitungen, Supervision).*

> *Sind bereit, ihr Alltagshandeln in Familien, im Team, in Fallbesprechungen und Supervision zu reflektieren und ggf. zu modifizieren.*

> *Wirken mit bei Evaluationen und bereiten entsprechende Grundlagen vor.*

18.2 Qualifikation der Mitarbeitenden

Grundausbildung und Weiterbildung

KOFA-Fachpersonen benötigen eine Grundausbildung im Bereich Soziale Arbeit oder in einem verwandten Bereich (z. B. Psychologie, Pädagogik) und das KOFA-Basistraining. Das Training kann als In-House-Training für einen Leistungserbringer oder in einem externen Training absolviert werden. Das sechstägige KOFA-Basistraining für die Arbeit mit der Methodik in den drei Standardmodulen (Abklärung, 6-Wochen- und 6-Monate-Programm) wird regelmäßig in Zürich angeboten. Das KOFA-Zertifikat erhält, wer eine Familienintervention unter qualifizierender Begleitung durch die KOFA-Ausbildungstätte durchgeführt hat. Die erworbenen Fähigkeiten werden durch regelmäßige Einsätze in Familien sowie in Ergänzungs- und Austauschkursen erweitert und gefestigt. Leistungserbringer können sich für maßgeschneiderte Weiterbildungen zusammenschließen und damit einen fachlichen Gewinn und namhafte Kosteneinsparungen erzielen.

Fallbegleitung

Bei den ersten Familieneinsätzen werden die KOFA-Fachpersonen eng begleitet. Im Regelfall kann diese Aufgabe von der Teamleitung übernommen werden, die dazu ihrerseits in der Einführungsphase speziell gecoacht werden muss. In der Fallbegleitung wird die Arbeit mit den Instrumenten der Methodik bezogen auf einen konkreten Fall geplant und reflektiert. Das Formular **NOTIZ**, das jeweils nach Klientenkontakten ausgefüllt wird, unterstützt diesen Austauschprozess. Die Fallbegleitung als bekannte Arbeitsweise der Sozialen Arbeit dient ganz direkt der Qualitätssicherung und gestaltet sich im Rahmen der Kompetenzorientierung sehr viel effizienter und effektiver: die gemeinsamen Grundlagen, Instrumente und Methoden erleichtern die Kommunikation und strukturieren den fachlichen Austausch in hohem Maß.

Bei den Fallbegleitungen wird nach den gleichen methodischen Prinzipien gearbeitet wie in den Familien: Analysieren von Aufgaben, Beschreiben vorhandener und benötigter Fähigkeiten, Benennen von Schutz- und Risikofaktoren, Feedbackregeln, Visualisieren etc. So sind die Fallbegleitungen gleichzeitig Möglichkeiten für Modell-Lernen.

Supervision

In regelmäßigen Supervisionen steht die Reflexion individueller und/oder teambezogener Prozesse mit dem Fokus auf Handlungsmuster, Belastungen, Motivation, Kooperation, Lernbereitschaft und Entwicklung unter Begleitung einer Fachperson im Zentrum. Diese Variante der Mitarbeiterqualifikation ist nicht spezifisch für die KOFA-Methodik und in der sozialen Praxis sehr verbreitet. Wenn Mitarbeitende mit der KOFA-Methodik arbeiten, ist für die Verständigung und Reflexion eine gemeinsame Basis gegeben, mit der sich die angesprochenen Themen sehr gut kodieren lassen.

Intervision

Was für die Supervision gesagt wurde, gilt noch ausgeprägter für die Intervision. In Intervisionsgruppen treffen sich Professionelle ohne verantwortliche Fachperson, die für die Planung, Steuerung und Begleitung der Gruppenprozesse verantwortlich ist. Die kompetenzorientierte Methodik stellt den Intervisionsgruppen hervorragende Strukturierungsmöglichkeiten für diese Art von Fachaustausch zur Verfügung. Erfahrungen mit KOFA-Intervisionsgruppen, die in Zürich von Familienarbeiterinnen und –arbeitern aus verschiedenen Praxisorganisationen gewonnen wurden, belegen dies eindrücklich. Hier wird selbstverantwortlich eingelöst, was eine Methodik beabsichtigt: voneinander und miteinander lernen.

18.3 Qualitätsentwicklung

Prozess- und Ergebnisqualität

Die KOFA-Methodik erleichtert durch die Standardisierung und Manualisierung die Entwicklung und Sicherung der Prozessqualität. Inwiefern die Methodik die beabsichtigten Wirkungen mit den Standardprozessen der drei Module (KOFA-Abklärung, KOFA-6-Wochen, KOFA-6-Monate) erzielt, kann zurzeit für die Schweiz noch nicht datenbasiert gesagt werden. Die Aussagen der Praxispartner und erste Ergebnisse der Evaluationsstudie stimmen zuversichtlich. Die Methodik erlaubt es in vielen Fällen, Familien in kurzer Zeit so weit zu stärken, dass sie wichtige Aufgaben des Alltags wieder aus eigener Kraft resp. mit weniger intensiven Formen der Unterstützung bewältigen können.

Strukturqualität

Die KOFA-Methodik wird zurzeit unter recht unterschiedlichen strukturellen Bedingungen angeboten. Erste Hinweise auf einzelne Dimensionen müssen an dieser Stelle genügen:

> *Die KOFA-Fachstellen der fünf beteiligten Partnerorganisationen an der Evaluationsstudie variieren in ihrer Größe zwischen drei und ca. 90 Mitarbeitenden.*

> *Die Ressourcen für die einzelnen Teamleitungen differieren stark.*

> *Alle Fachstellen bieten neben KOFA noch andere Leistungen an. Die Nachfrage nach den einzelnen KOFA-Modulen variiert stark.*

> *Die Preise für die einzelnen KOFA-Module sind unterschiedlich.*

> *Die Mitarbeitenden sind teilweise fest angestellt, teilweise auf Honorarbasis für einzelne Einsätze verpflichtet.*

Wir erhoffen uns von der laufenden KOFA-Evaluationsstudie Hinweise auf die Bedeutung dieser Rahmenbedingungen und auf bedeutsame Faktoren für die Strukturqualität.

19 Literaturverzeichnis

Arbeitsgruppe Deutsche Child Behavior Checklist (1998a). *Elternfragebogen über das Verhalten von Kindern und Jugendlichen; deutsche Bearbeitung der Child Behavior Checklist (CBCL/4-18). Einführung und Anleitung zur Handauswertung* (2. Aufl. mit deutschen Normen, bearbeitet vom M. Döpfner, J. Plück, S, Bölte, K. Lenz, P. Melchers & K. Heim). Köln: Arbeitsgruppe Kinder-, Jugend- und Familiendiagnostik (KJFD).

Arbeitsgruppe Deutsche Child Behavior Checklist (1998b). *Fragebogen für Jugendliche; deutsche Bearbeitung der Youth Self-Report Form der Child Behavior Checklist (YSR). Einführung und Anleitung zur Handauswertung* (2. Aufl. mit deutschen Normen, bearbeitet vom M. Döpfner, J. Plück, S, Bölte, K. Lenz, P. Melchers & K. Heim). Köln: Arbeitsgruppe Kinder-, Jugend- und Familiendiagnostik (KJFD).

Bakker, K., Berger, M., Jagers, H. & Slot, W. (2000). *Begin in het gezin. Theorie en praktijk van crisishulp in huis.* Utrecht: NIZW.

Bandura, A. (1976). *Lernen am Modell.* Stuttgart: Klett-Cotta.

Bandura, A. (1978). *Sozial kognitive Lerntheorie.* Stuttgart: Klett-Cotta.

Beer, F. (2006). *Implementierung von Kompetenzorientierter Familienarbeit in der Stadt Luzern.* Masterthesis. Zürich: Hochschule für Soziale Arbeit, Abteilung Weiterbildung.

Berger, M. & Spanjaard, H. (1996). *Families First – Handbuch für Familienmitarbeiter.* Utrecht: NIZW.

Bodenmann, G., Perrez, M., Schär, M. & Trepp, A. (2004). *Klassische Lerntheorien. Grundlagen und Anwendungen in Erziehung und Psychotherapie.* Bern, Göttingen, Toronto, Seattle: Hans Huber.

Bronfenbrenner, U. (1982). *Die Ökologie der menschlichen Entwicklung. Natürliche und geplante Experimente.* Stuttgart: Clett-Cotta.

Buddeberg, B. & Buddeberg, C. (1998). Entwicklungspsychologie. In C. Buddeberg, & J. Willi (Hrsg.), *Psychosoziale Medizin* (S. 101-216). Berlin: Springer.

Buddeberg C. & Laederach, K. (1998). Psychophysiologie. In C. Buddeberg, & J. Willi (Hrsg.), *Psychosoziale Medizin* (S. 301-360). Berlin: Springer.

Cassée, K. (2007). *Kompetenzorientierung. Eine Methodik für die Kinder- und Jugendhilfe.* Bern: Haupt.

Deci, E. & Ryan, R. (1993): Die Selbstbestimmungstheorie der Motivation und ihre Bedeutung für die Pädagogik. *Zeitschrift für Pädagogik, 39,* 223-238.

Duvall, E.M. & Miller, B.C. (1985). *Marriage and familiy development.* New York: Harper & Row.

Ellis, A. (2004). *Rational Emotive Therapy: It Works for Me – It Can Work for You.* New York: Prometheus Books.

EREV - Evangelischer Erziehungsverband (1997). Aktivierende Familienkonzepte. *EREV-Schriftenreihe, 4.*

Erzberger, Chr. (2004). *Evaluation der Bremer Familienkrisenhilfe.* Bremen: GISS.

Flick, U. (2002). *Qualitative Sozialforschung. Eine Einführung.* (6. überarb. und erw. Neuausgabe). Reinbek: Rowohlt.

Friedmann, H.S. & Schustack, M.W. (2004). *Persönlichkeitspsychologie und Differentielle Psychologie* (2., aktualisierte Aufl.). München: Pearson Studium.

Grunwald, K. & Thiersch, H. (2004). (Hrsg.). *Praxis lebensweltorientierter sozialer Arbeit. Handlungszugänge und Methoden in unterschiedlichen Arbeitsfeldern.* Weinheim: Juventa.

Havighurst, R.J. (1967). *Developmental tasks and education.* New York: David McKay.

Heiner, M. (2004). Integrative Diagnostik. In Chr. Schrapper (Hrsg.), *Sozialpädagogische Diagnostik und Fallverstehen in der Jugendhilfe. Anforderungen, Konzepte, Perspektiven* (S. 99 – 115). Weinheim: Juventa.

Herriger, N. (2006). *Empowerment in der Sozialen Arbeit* (3. neu bearb. Aufl.) Stuttgart: Kohlhammer.

Hinsch, R. & Pfingsten, U. (2002). *Gruppentraining sozialer Kompetenzen GSK* (4. Auflage). Weinheim: Beltz.

Hurrelmann, K. (2002). *Einführung in die Sozialisationstheorie* (8. vollst. überarb. Auflage). Basel: Beltz.

Hüther, G. (2001). *Bedienungsanleitung für ein menschliches Gehirn*. Göttingen: Vandenhoeck & Ruprecht.

Jugert, G., Rehder, A., Notz, P. & Petermann, F. (2006). *Soziale Kompetenz für Jugendliche. Grundlagen, Training und Fortbildung* (4. Auflage). Weinheim: Juventa.

Fend, H. (2000). *Entwicklungspsychologie des Jugendalters*. Opladen: Leske + Budrich.

Göppel, R. (2005). *Das Jugendalter. Entwicklungsaufgaben – Entwicklungskrisen – Bewältigungsformen*. Stuttgart: Kohlhammer.

Klein, E. & Römisch, K. (1996). Familienaktivierungsmanagement FAM. Eine neue Methode in der Jugendhilfe. *Unsere Jugend, 3,* 116 – 119.

Klein, E. & Römisch, K. (1997). Familienaktivierungsmanagement FAM. Erste praktische Erfahrungen der Umsetzung in Deutschland durch die Stiftung Hospital St. Wendel. *Unsere Jugend, 4,* 148 – 155.

Mahrer, M., Meier, P., Mögel, M., Pedrina, F., Ryf, E. & Simoni, H. (2007). *Kindesschutz in der frühen Kindheit 0-3 Jahre*. Zürich: Interdisziplinäre Regionalgruppe Zürich (GAIMH).

Mönks, F.J. & Knoers, A. (1996). *Lehrbuch der Entwicklungspsychologie*. München: Reinhardt Verlag.

Oerter, R. & Montada, L. (2002). *Entwicklungspsychologie*. (5. vollst. überarb. Aufl.). Basel: Beltz.

Petermann, F., Kusch, M. & Niebank, K. (1998). *Entwicklungspsychopathologie*. Weinheim: Psychologie Verlags Union.

Römisch, K. (1998). Neue Jugendhilfeformen im Kontext der Lebensweltorientierung. Beispiel FSP Familienstabilisierungsprogramm. *Unsere Jugend, 4,* 149 – 153.

Roth, G. (1996). *Das Gehirn und seine Wirklichkeit. Kognitive Neurobiologie und ihre philosophischen Konsequenzen*. Frankfurt a. M. : Suhrkamp.

Schwabe, M. (2005). *Methoden der Hilfeplanung. Zielentwickung, Moderation und Aushandlung*. Frankfurt: IGfH-Eigenverlag.

Slot, N.W. & Spanjaard, H.J.M. (2003). *Competentievergroting in de residentiële Jeugdzorg. Hulpvelening voor kinderen en jongeren in tehuizen* (6. Aufl.). Duivendrecht: PI Research.

Spanjaard, H. & Haspels, M. (2005). *Families First – Handleiding voor gezinsmedewerkers*. Utrecht: Nederlands Instituut voor Zorg en Welzijn.

Stadt Dormagen (Hrsg.). (2001). *Dormagener Qualitätskatalog der Jugendhilfe. Ein Modell kooperativer Qualitätsentwicklung*. Opladen: Leske + Budrich.

Storch, M. (2002). Die Bedeutung neurowissenschaftlicher Forschungsansätze für die psychotherapeutische Praxis. Teil I: Theorie. *Psychotherapie, 7,* (2), 281-294.

Storch, M. & Krause, F. (2002). *Selbstmanagement - ressourcenorientiert. Grundlagen und Trainingsmanual für die Arbeit mit dem Zürcher Ressourcen Modell*. Bern: Huber.

Storch, M. & Riedener, A. (2005). *Ich packs! – Selbstmanagement für Jugendliche. Ein Trainingsmanual für die Arbeit mit dem Zürcher Ressourcen Modell*. Bern: Huber.

UNO (1989). Übereinkunft über die Rechte des Kindes. [On-line]. Available: www.UNOKinderrechtskonvention

Van Vugt, M & Berger, M. (1999). *De Versterking.* Duivendrecht: PI Research.

WHO (2004). *Internationale Klassifikation psychischer Störungen* ICD-10. dt. Bearbeitung: Dilling, H., Mombour, E., Schmidt, M.H. Bern: Huber.

Zimmermann, P. (2000). *Grundwissen Sozialisation. Einführung zur Sozialisation im Kindes- und Jugendalter.* Opladen: Leske und Budrich.

20 Verzeichnis der Abbildungen und Tabellen

Abbildung 1	Zusammenhang von Ressourcen, Fähigkeiten und Kompetenz	26
Abbildung 2	Schutz- und Risikofaktoren im Lebenslauf	31
Abbildung 3	Der Zusammenhang zwischen Ereignissen, Gedanken, Gefühlen und Verhalten	44
Abbildung 4	Kompetenzbalance	49
Abbildung 5	3-Dimensionen-Technik	80
Abbildung 6	Auszug aus dem Formular Schlussbericht Abklärung	95
Abbildung 7	Techniken für die Vermittlung von Fähigkeiten	117
Abbildung 8	Thermometer mit Erste-Hilfe-Karte	130
Abbildung 9	Erziehungsfähigkeiten von Eltern	149

Tabelle 1	Gegenüberstellung von Families First und KOFA	22
Tabelle 2	Beispiele für Schutz- und Risikofaktoren	30
Tabelle 3	Verstärken und Abschwächen von Verhalten	40
Tabelle 4	Verschiedene lerntheoretische Modelle	43
Tabelle 5	Teilleistungen/Aufwand für das Modul KOFA-Abklärung	54
Tabelle 6	Teilleistungen/Aufwand für das Modul KOFA-6-Wochen	55
Tabelle 7	Teilleistungen/Aufwand für das Modul KOFA-6-Monate	56
Tabelle 8	Die KOFA-Instrumente im Überblick mit Kurzkommentar	86
Tabelle 9	Günstige und ungünstige Bedingungen	124